O Poder do Pensamento

Seu Controle e Cultura

Annie Besant

O Poder do Pensamento

Seu Controle e Cultura

EDITORA
TEOSÓFICA

Título do original em inglês: *Thought Power*
The Theosophical Publishing House Adyar, Chennai, 600 020, Índia – Wheaton, III., USA, 1901;
The Theosophical Publishing Society, Londres e Benares.

B 554 Besant, Annie

O poder do pensamento/ Annie Besant. Tradução: Augusto Cezar Maia Hegouet – Brasília: Editora Teosófica, 2021.
160 p.

ISBN: 978-65-88797-52-5

CDU 141.332

EDITORA TEOSÓFICA
SIG - Setor de Inds. Gráficas, Quadra 6, nº 1235
70610-460-Brasília-DF-Brasil
Tel.: (61) 33227843
Email: editorateosofica@editorateosofica.com.br /
comercial@editorateosofica.com.br
Site: www.editorateosofica.com.br

Revisão: Ricardo Lindemann e Zeneida Cereja da Silva
Diagramação/Capa: Ana Paula Cichelero
Impressão: Gráfika Papel e Cores
e-mail: comercial@grafikapapelecores.com.br

Sumário

Prefácio da Edição Brasileira

O estudo do pensamento é um recurso valioso que temos para encontrar o rumo na nossa vida, seja em relação aos aspectos da vida cotidiana e material quanto aos aspectos da vida espiritual.

A Ciência ocidental vê o pensamento como resultado das atividades cerebrais e a Psicologia o estuda, junto com as emoções, numa abordagem psicológica. Este conhecimento nos traz muitas informações relevantes, mas ainda deixa lacunas quando buscamos aprofundar o aspecto espiritual da vida.

No Oriente, este assunto também era do interesse dos grandes sábios ao longo de toda a antiguidade, que se utilizaram do recurso da meditação e da auto-observação, percebendo os mecanismos do pensamento, das emoções e da espiritualidade com maior profundidade.

Perceberam que o pensamento que nos ajuda no nosso caminho, também apresenta aspectos negativos que se tornam impedimentos à medida que avançamos.

Annie Besant descreve com maestria os caminhos do pensamento e como podemos nos utilizar dele conscientemente para ajudar a melhorar a nossa vida e o mundo.

O pensamento é produto da mente, e desde quando somos crianças nossa forma de ver e de viver no mundo vai sendo construída baseada nas experiências e como estas nos impactam.

A mente tem processos intrínsecos que utilizamos de forma automática, sem perceber como nos afetam: a memória, a busca de repetição do prazer e o ego pessoal que vai sendo construído com sua visão limitada do mundo.

A mente trabalha de forma mecânica, repetindo no presente o que aprendemos no passado. Da qualidade das informações que retemos na memória dependerá a nossa percepção mais ou menos clara da realidade e a qualidade das respostas que iremos dar aos desafios do presente. O mundo é dinâmico e nem sempre as velhas respostas servem para novos momentos, novas pessoas, nova fase de vida e da espiritualidade. Precisamos nos desapegar das velhas crenças e hábitos quando encontramos uma percepção mais ampla e profunda da realidade.

A memória de momentos prazerosos gera a busca da repetição da felicidade que vivemos no passado, nos leva a uma vida de sonho desconectado da realidade, gerando ansiedade, frustração e sofrimento.

O pensamento é uma energia que criamos com a qualidade das nossas intenções positivas ou negativas, e tem vida própria pelo tempo relativo à força da nossa intenção.

Sejam positivos ou negativos, atraem outras formas-pensamento de mesma natureza. Deste modo, somos afetados por formas-pensamento que criamos e criadas por outros. Os pensamentos positivos são nossa maior proteção contra a negatividade ao nosso redor e a maior contribuição que podemos dar ao mundo.

A mente é o recurso central entre nossos veículos da vida material: corpo físico, emocional e mental inferior e os veículos superiores que nos dão acesso aos influxos espirituais; mas para ter acesso a estes últimos são necessárias certas condições específicas. A mente tem que sair da dispersão que a vida mundana gera e voltar-se para dentro, utilizando-se, para isso, da concentração, da auto-observação e do autoconhecimento.

Somos um microcosmo onde operam as mesmas Leis que no macrocosmo. Perceber nossa realidade interna, as operações egoicas e seus aspectos positivos e negativos, nos fornecem informações preciosas para vislumbrarmos o que os grandes sábios dizem, que nós geramos o mundo ao nosso redor com suas qualidades e defeitos. Percebemos assim que a mudança do mundo inicia em nós e que temos todos os recursos para empreender esta jornada.

Um livro é um dedo que aponta a Verdade, um mapa. A Teosofia prática demanda que transformemos o conhecimento dos livros em conhecimento próprio, percebendo assim que não se trata de uma teoria, mas de uma realidade profunda que está ao nosso alcance.

Este é um livro pequeno, mas que nos dá a base para uma vida inteira de autoconhecimento.

Annie Besant foi defensora dos direitos dos trabalhadores, do voto das mulheres no século XIX e, junto com Gandhi, participou do processo de libertação da Índia. Ao ler *A Doutrina Secreta*, de Helena P. Blavatsky, entrou para a Sociedade Teosófica e dedicou sua vida à disseminação da Sabedoria Divina.

Entre outros livros da autora, encontram-se: *Reencarnação*, *Karma e Dharma*, para exposição simples dos ensinamentos teosóficos.

Desejo a todos uma ótima leitura.

Maria Teresa Dubois Moreira

Presidente da Loja Dharma,
da Sociedade Teosófica,
em Porto Alegre-RS

Prefácio da Autora

Este livro destina-se a ajudar o estudante a examinar sua própria natureza no que diz respeito à sua parte intelectual. Se ele dominar os princípios aqui estabelecidos, estará, de uma forma justa, cooperando com a Natureza na sua própria evolução, e aumentando sua estatura mental muito mais rapidamente do que é possível, mesmo que ainda não tenha conhecimento das condições de seu crescimento.

A Introdução pode oferecer algumas dificuldades ao leitor leigo, e talvez, por essa razão, possa ser ignorada na primeira leitura. Ela é necessária, no entanto, como uma base para aqueles que veem a relação do intelecto com as outras partes de sua natureza e com o mundo exterior. E aqueles que pretendem colocar em prática a máxima "Conhece-te a ti mesmo" não devem reduzir, nem um pouco que seja, o esforço mental, nem devem esperar que o alimento mental caia pronto do céu, preguiçosamente, sem esforço algum. Se o livro ajudar alguns alunos sérios a esclarecer certas dificuldades do seu caminho, o propósito terá sido atingido.

ANNIE BESANT

Introdução

O valor do conhecimento é testado pelo seu poder de purificar e enobrecer a vida, e todos os estudantes sinceros desejam aplicar os conhecimentos teóricos adquiridos no seu estudo de Teosofia à evolução do seu próprio caráter e à ajuda dos seus semelhantes. É para tais estudantes que foi escrito este livro, com a esperança de que uma melhor compreensão da sua própria natureza intelectual possa conduzir a um cultivo intencional do que é bom nele e a uma erradicação do que é mau. A emoção que impele a uma vida justa é meio desperdiçada se a luz clara do intelecto não iluminar o caminho da conduta; pois, como o cego se afasta do caminho desconhecido até cair na vala, assim também faz o Ego, cego pela ignorância, se afasta do caminho da vida correta até cair no poço da má ação. Verdadeiramente é *Avidyā* – a privação do conhecimento – o primeiro passo para fora da unidade em direção à separatividade, e somente à medida que for atenuada, ela diminuirá a separatividade, até que o seu desaparecimento restaure a Paz Eterna.

O Eu[1] como o Conhecedor

Ao estudarmos a natureza do homem, separamos os veículos que ele utiliza: o Eu vivo do envoltório com o qual está revestido. O Eu é um, por mais variadas que sejam as formas da sua manifestação, quando trabalha através de, e por meio dos diferentes tipos de matéria. É certamente verdade que existe apenas Um Eu no sentido mais completo das palavras; assim como raios irradiam do sol os vários "Eus", que são os verdadeiros Homens, que são apenas raios do Eu Supremo, e cada Eu pode sussurrar: "Eu sou Ele". Mas para o nosso presente propósito, tomando um único raio, podemos afirmar também quanto à sua separação, à sua própria unidade inerente, ainda que esteja oculta pelas suas formas. A consciência é uma unidade, e as divisões que fazemos nela ou são para fins de estudo, ou são ilusões, devido à limitação do nosso poder perceptivo pelos órgãos através dos quais ela trabalha nos mundos inferiores. O fato das manifestações do Eu procederem diferenciadamente a partir dos seus três aspectos de conhecer, querer e energizar – dos quais surgem vários pensamentos, desejos e ações – não nos deve cegar quanto ao outro fato de que não há divisão de substância; o Eu todo conhece, o Eu todo quer, o Eu todo age. Nem as funções estão totalmente separadas; pois quando ele sabe, também age e quer;

[1] No original em inglês: *Self*, que foi traduzido neste livro por Eu (Eu Superior). (Nota Ed. Bras.)

quando age, também sabe e quer; quando quer, também age e sabe. Uma função é predominante, e por vezes a tal ponto que veda totalmente as outras; mas mesmo na concentração mais intensa do conhecer – a mais separada das três – há sempre uma energização latente e uma vontade latente, que é tão discernível quanto presente através de uma análise cuidadosa.

Nós temos chamado a estes três "os três aspectos do Eu"; uma explicação um pouco mais profunda nos ajuda a compreender. Quando o Eu está tranquilo, então é manifestado o aspecto do Conhecimento, capaz de assumir a semelhança de qualquer objeto apresentado. Quando o Eu está concentrado, com a intenção de mudar de estado, aparece então o aspecto da Vontade. Quando o Eu, em presença de qualquer objeto, põe energia para contatar com esse objeto, então revela o aspecto da Ação. Ver-se-á assim que estes três não são divisões separadas do Eu, não são três coisas unidas em uma ou compostas, mas que existe um Todo indivisível, que se manifesta de três maneiras.

Não é fácil clarificar a concepção fundamental do Eu mais além do que através da sua mera designação. O Eu é aquela consciência, sentimento, Um sempre existente, que em cada um de nós se conhece como existente. Nenhum homem pode jamais pensar em si próprio como não existente, ou formular-se a si próprio em consciência como "Eu não sou". Como Bhagavan Das expressou: "O Eu é a primeira base indispensável da vida. ... Nas palavras de Vachaspati-Mishra, no seu Comentário[2] (o *Bhamati*) sobre a *Shariraka-Bhashya,* de Shankaracharya: "Ninguém duvida "Sou Eu?" ou "Não sou Eu?". "A Autoafirmação "Eu sou" "vem antes de tudo, está acima e além de qualquer argumento. Nenhuma prova pode fazer isso; mais ainda, nenhuma contraprova pode enfraquecer isso. Tanto a prova como a contraprova se encontraram no "Eu sou", o Sentimento de mera Existência não analisável, do qual nada pode ser afirmado, exceto o aumento e a diminuição. "Eu sou mais" é a expressão do Prazer; "Eu sou menos" é a expressão da Dor.

Quando observamos este "Eu sou", descobrimos que ele se expressa de três maneiras diferentes: (a) a reflexão interna de um Não Eu, CONHECIMENTO, a raiz dos pensamentos; (b) a concentração interna, VONTADE, a raiz dos desejos; (c) o ir para o externo, ENERGIA, a raiz das ações; "Eu sei" ou "Eu penso", "Eu quero" ou "Eu desejo", "Eu energizo" ou "Eu ajo". Estas são as três afirmações do Eu indivisível, do "Eu sou". Todas as manifestações podem ser classificadas sob uma ou outra destas três titulações; o Eu manifesta-se em nosso mundo apenas nestas três formas; como todas as cores surgem das três primárias, assim as inúmeras manifestações do Eu surgem todas da Vontade, da Energia, do Conhecimento.

---

[2] *The Science of the Emotions* (*A Ciência das Emoções*), p. 20 da edição em inglês.

O Eu como Aquele que Quer, o Eu como Energizador, o Eu como Conhecedor – ele é o Único na Eternidade e também a raiz da individualidade no Tempo e no Espaço. É o Eu no aspecto do Pensamento, o Eu como Conhecedor, que temos de estudar.

O Não Eu como o Cognoscível

O Eu cuja "natureza é conhecimento" encontra espelhado dentro de si um vasto número de formas, e aprende por experiência que não pode conhecer e agir e manifestar a vontade através delas. Estas formas, ele descobre, não são passíveis de controle como é a forma da qual ele primeiro se torna consciente, e que ele (erroneamente, e ainda assim necessariamente) aprende a identificar-se consigo mesmo. Ele sabe, e elas não pensam; ele manifesta a vontade, e elas não mostram nenhum desejo; ele energiza, e não há nelas nenhum movimento responsivo. Ele não pode dizer a partir delas: "Eu sei", "Eu ajo", "Eu quero"; e reconhece-as longamente como outros eus, em formas minerais, vegetais, animais, humanas e super-humanas, e generaliza tudo isto sob um termo abrangente, o Não Eu, aquilo no qual, como um Eu separado, não é, não sabe, mas age, e manifesta a vontade. Ele responde assim, durante muito tempo, à pergunta:

"O que é o "Não Eu?

Em tudo o que eu não conheço, não quero e não ajo."

E embora verdadeiramente, em análises sucessivas, ele venha a descobrir que os seus veículos, um após outro, salvo de fato, a mais sutil película que faz dele um Eu – são parte do Não Eu, são objetos do Conhecimento, são o Cognoscível, não o Conhecedor, para todos os fins práticos a sua resposta é correta. De fato, ele nunca poderá conhecer, como separado de si mesmo, esta película mais sutil que faz dele um Eu separado, uma vez que a sua presença é necessária a essa separação, e conhecê-lo como o Não Eu seria fundir-se no Todo.

O Conhecer

Para que o Eu possa ser o Conhecedor, e o Não Eu o Cognoscível, deve ser estabelecida uma relação definitiva entre eles. O Não Eu deve afetar o Eu, e o Eu deve, em troca, afetar o Não Eu. Tem de haver um intercâmbio entre os dois. O Conhecer é uma relação entre o Eu e o Não Eu, e a natureza dessa relação deve ser a divisão seguinte do nosso sujeito, mas é bom primeiro compreender claramente o fato de que o Conhecer é uma relação. Implica em dualidade, a consciência de um Eu e o reconhecimento de um Não Eu – e a presença dos dois colocados um contra o outro é necessária para o conhecimento.

O Conhecedor, o Cognoscível e o Conhecer – estes são os três em um que devem ser compreendidos para que a força do pensamento se volte para o seu próprio propósito, a ajuda do mundo. Segundo a terminologia ocidental, a Mente é o Sujeito que sabe; o Objeto é aquele que é Cognoscível; a Relação entre eles é o Conhecer. Temos de compreender a natureza do Conhecedor, a natureza do Cognoscível, e a natureza da relação estabelecida entre eles, e como surge essa relação. Uma vez que essas coisas sejam compreendidas, teremos de fato dado um passo em direção a esse Autoconhecimento que é sabedoria. Então, seremos de fato capazes de ajudar o mundo à nossa volta, tornando-nos seus ajudantes e salvadores; pois esta é a verdadeira finalidade da sabedoria, que, abrasada pelo amor, pode retirar o mundo da miséria para o conhecimento, onde toda a dor cessa para sempre. Tal é o objetivo do nosso estudo, pois como é realmente dito nos livros daquela nação que possui a mais antiga, e ainda a mais profunda e sutil psicologia, que o objetivo da filosofia é pôr fim à dor. Para tal, pensa o Conhecedor; para tal o conhecimento é continuamente procurado ou buscado. Pôr fim à dor é a razão final da filosofia, e não é verdadeira sabedoria a que não conduz à descoberta da PAZ.

Capítulo 1
A Natureza do Pensamento

A natureza do pensamento pode ser estudada a partir de dois pontos de vista: do lado da consciência, que é o conhecimento, ou do lado da forma pela qual o conhecimento é obtido, cuja suscetibilidade a modificações torna possível a obtenção do conhecimento. Esta possibilidade conduziu aos dois extremos da filosofia, e ambos devemos evitar, porque cada um ignora um lado da vida manifestada. Um considera tudo como consciência, ignorando a essencialidade da forma como condicionante da consciência, em como torná-la possível. O outro considera tudo como forma, ignorando o fato de que a forma só pode existir em virtude da vida que a anima. A forma e a vida, a matéria e o espírito, o veículo e a consciência, são inseparáveis em manifestação, e são os aspectos indivisíveis DAQUILO a que são inerentes. AQUILO que não é nem a consciência nem o seu veículo, mas a RAIZ de ambos. Uma filosofia que tenta explicar tudo através das formas, ignorando a vida, encontrará problemas que é totalmente incapaz de resolver. Uma filosofia que tenta explicar tudo através da vida, ignorando as formas, encontrar-se-á confrontada com paredes mortas que não pode superar. A palavra final sobre isto é que a consciência e os seus veículos, vida e forma, espírito e matéria, são expressões temporárias dos dois aspectos de uma Existência não condicionada, que não é cognoscível, exceto quando manifestada como Espírito-Raiz (chamada pelos hindus: *Pratyagatman*), o Ser abstrato, o *Logos* abstrato – de onde todos os eus individuais, e a Matéria-Raiz (*Mula-prakriti*) de todas as formas. Sempre que a manifestação tem lugar, este Espírito-Raiz dá à luz uma consciência tripla, e essa Matéria-Raiz a uma matéria tripla; subjacente à Realidade Una, para sempre incognoscível pela consciência condicionada. A flor não vê a raiz de onde cresce, embora toda a sua vida seja extraída dela e sem ela não poderia existir.

O Eu como Conhecedor tem como função característica o espelhamento dentro de si mesmo do Não Eu. Como uma placa sensível recebe raios de luz refletidos dos objetos, e esses raios causam modificações no material em que caem, de modo a que imagens dos objetos possam ser obtidas, o mesmo acontece com o Eu no aspecto do conhecimento em relação a tudo o que é exterior. O seu veículo é uma esfera em que o Eu recebe do Não Eu os raios refletidos do Eu Uno, fazendo aparecer na superfície desta esfera imagens que são os reflexos daquilo que não é ele próprio. O Conhecedor não conhece as coisas em si mesmo nas fases iniciais da sua consciência. Ele conhece apenas as imagens produzidas no seu veículo pela ação do Não Eu no seu invólucro responsivo, as fotografias do mundo exterior. Daí que a mente, o veículo do Eu como Conhecedor, tenha sido comparada a um espelho, no qual são vistas as imagens de todos os objetos colocados perante ele. Nós não conhecemos as coisas em si, mas apenas o efeito produzido por elas na nossa consciência; não os objetos, mas as imagens dos objetos, estes são o que encontramos na mente. Como o espelho parece ter os objetos dentro dele, mas esses objetos aparentes são apenas imagens, ilusões causadas pelos raios de luz refletidos a partir dos objetos, não os objetos em si; também a mente, no seu conhecimento do universo exterior, conhece apenas as imagens ilusivas e não as coisas em si mesmas.

Estas imagens, feitas no veículo, são percebidas como objetos pelo Conhecedor, e esta percepção consiste na sua reprodução das mesmas em si próprio. Ora, a analogia do espelho, e o uso da palavra "reflexão" no parágrafo anterior, são um pouco enganadores, pois a imagem mental é uma reprodução e não um reflexo do objeto que a causa. A matéria da mente é na realidade moldada à semelhança do objeto que lhe é apresentado, e esta semelhança, por sua vez, é reproduzida pelo Conhecedor. Quando ele portanto se modifica assim à semelhança de um objeto externo, diz-se que conhece esse objeto, mas no caso considerado, o que ele conhece é apenas a imagem produzida pelo objeto no seu veículo, e não o próprio objeto. E esta imagem não é uma reprodução perfeita do objeto, por uma razão que veremos no próximo capítulo.

"Mas", pode-se dizer, "será assim para sempre? Nunca saberemos as coisas em si mesmas?" Isso leva-nos à distinção vital entre a consciência e a matéria em que a consciência está trabalhando, e com isso podemos encontrar uma resposta a essa questão natural da mente humana. Quando a consciência, por longa evolução, desenvolveu o poder de reproduzir em si mesma tudo o que existe fora dela, então o invólucro de matéria em que tem funcionado desprende-se, e a consciência, que é o conhecimento, identifica o seu Eu com todos os Eus no meio dos quais tem evoluído, e vê como o Não Eu apenas a matéria ligada de igual modo com todos os Eus individualmente. Este é o "Dia do esteja conosco", a união que é o triunfo da evolução, quando a consciência conhece a si própria e aos outros, e conhece os outros como a si própria. Por semelhança da natureza, o conhecimento perfeito é atingido, e o Eu percebe aquele estado maravilhoso onde a identidade não perece e a memória não se perde, mas onde a separação encontra o seu objetivo final, e o conhecedor, o conhecer e o conhecimento são um só.

É esta natureza maravilhosa do Eu que evolui em nós através do conhecimento no momento presente, que temos de estudar, a fim de compreender a natureza do pensamento, e é necessário ver claramente o lado ilusório para que possamos utilizar a ilusão para transcendê-lo. Assim, vamos agora estudar como o Conhecer – a relação entre o Conhecedor e o Cognoscível – é estabelecida, e isso nos levará a ver mais claramente a natureza do pensamento.

1.1 A Cadeia do Conhecedor, do Conhecer, e do Cognoscível

Há uma palavra, vibração, que tem se tornado cada vez mais a tônica da ciência ocidental, como tem sido há muito tempo a da ciência do Oriente. O movimento é a raiz de tudo. A vida é movimento; a consciência é movimento. E esse movimento que afeta a matéria é a vibração. O Uno, o Todo, pensamos como o Imutável, seja como Movimento Absoluto ou como Sem Movimento, uma vez que no Uno o movimento relativo não pode existir. Só quando há diferenciação, ou partes, podemos pensar no que chamamos movimento, que é mudança de lugar numa sucessão de tempo. Quando o Uno se torna o Muitos, surge então o movimento; isto é saúde, consciência, vida, quando rítmico, regular; assim como ele é doença, inconsciência, morte, quando sem ritmo, irregular. Pois a vida e a morte são irmãs gêmeas, igualmente nascidas do movimento, que é a manifestação.

O Movimento deve aparecer quando o Uno se torna o Muitos; uma vez que, quando o onipresente aparece como partículas separadas, o movimento infinito deve representar a onipresença, ou, colocado de outra forma, deve ser o seu reflexo ou imagem na matéria. A essência da matéria é a separatividade, como a do espírito é a unidade, e quando ambos aparecem no Uno, como creme no leite, o reflexo da onipresença desse Uno na multiplicidade da matéria é movimento incessante e infinito. O movimento absoluto – a presença de cada unidade em movimento em cada ponto do espaço e em cada momento do tempo – é idêntico ao descanso, sendo apenas o descanso visto de outra forma, do ponto de vista da matéria e não do ponto de vista do espírito. Do ponto de vista do espírito há sempre Um, do ponto de vista da matéria há sempre Muitos.

Este movimento infinito aparece como movimentos rítmicos, vibrações, na matéria que o manifesta, cada *Jīva*, ou unidade separada de consciência, estando isolado por uma parede de matéria de todos os outros *Jīvas*.[3] Cada *Jīva* torna-se posteriormente encarnado, ou revestido por várias

[3] Não existe uma palavra inglesa conveniente para "uma unidade separada de consciência "—" "espírito" e "alma" conotando várias peculiaridades em diferentes escolas de pensamento. Arvoro-me, portanto, a usar o nome *Jīva*, em vez das palavras imprecisas "uma unidade separada de consciência".

vestes de matéria. À medida que estas vestes de matéria vibram, comunicam as suas vibrações à matéria que as rodeia, tornando-se esta matéria o meio em que as vibrações são levadas ao exterior; e este meio, por sua vez, comunica o impulso da vibração às vestes envolventes de outro *Jīva*, e assim põe esse *Jīva* a vibrar como o primeiro. Nesta série de vibrações – iniciadas num *Jīva*, feitas no corpo que o rodeia, enviadas por esse corpo ao meio que o envolve, comunicadas por este a outro corpo, e desse segundo corpo para o *Jīva* cercado por ele – temos a cadeia de vibrações em que um conhece o outro. O segundo conhece o primeiro porque reproduz o primeiro em si mesmo, e assim experimenta como o outro está experimentando. E, no entanto, com uma diferença. Pois o nosso segundo *Jīva* já está em uma condicão vibratória, e o seu estado de movimento, após receber o impulso do primeiro, não é uma simples repetição desse impulso, mas uma combinação do seu próprio movimento original com o que lhe foi imposto de fora, e portanto não é uma reprodução perfeita. As semelhanças são obtidas, cada vez mais próximas, mas a identidade foge-nos sempre, as vestimentas permanecem.

Esta sequência de ações vibratórias é frequentemente vista na Natureza. Uma chama é um centro de atividade vibratória no éter, chamado por nós de calor; estas vibrações ou ondas de calor lançam o éter circundante em ondas como se fossem elas próprias, e estas lançam o éter num pedaço de ferro deixado próximo em ondas semelhantes, e as suas partículas vibram sob o seu impulso, e assim o ferro torna-se quente e uma fonte de calor em sua vez. Assim, uma série de vibrações passa de um *Jīva* para outro, e todos os seres estão interligados por esta rede de consciência.

Assim, mais uma vez, na natureza física, marcamos diferentes gamas de vibrações por diferentes nomes, chamando uma de luz, a outra de calor, a outra de electricidade, a outra de som, e assim por diante; no entanto, todas são da mesma natureza, todas são modos de movimento no éter,[4] embora se diferenciem pelas taxas de velocidade e no caráter das ondas. Pensamentos, Desejos e Ações, as manifestações ativas em matéria de Conhecimento, Vontade e Energia, são todas da mesma natureza, ou seja, são todas constituídas por vibrações, mas diferem nos seus fenômenos, devido ao caráter diferente das vibrações. Há uma série de vibrações num determinado tipo de matéria e com um certo caráter, e a estas chamamos vibrações de pensamento. Uma outra série é falada como vibrações de desejo, uma outra série como vibrações de ação. Estes nomes são descritivos de certos fatos na Natureza. Há um certo tipo de éter lançado em vibração, e as suas vibrações afetam os nossos olhos; o chamamos de movimento luz. Há outro éter muito mais sutil lançado em vibrações que são percebidas, ou seja, são respondidas, pela mente, e chamamos a esse movimento

[4] O som é principalmente também uma vibração etérica.

pensamento. Estamos rodeados de matéria de diferentes densidades e nominamos os movimentos nela pela maneira que nos afetam, são respondidos por diferentes órgãos dos nossos corpos densos ou sutis. Nominamos por "luz" certos movimentos que afetam o olho; nomeamos por "pensamento" certos movimentos que afetam outro órgão, a mente. O "ver" ocorre quando o éter de luz é lançado em ondas de um objeto ao nosso olho; o "pensar" ocorre quando o éter de pensamento é lançado em ondas entre um objeto e a nossa mente. Um não é mais nem menos misterioso do que o outro.

Ao lidar com a mente, veremos que as modificações na disposição dos seus materiais são causadas pelo impacto das ondas de pensamento, e este no pensamento concreto que experimentamos mais uma vez os impactos originais de fora. O Conhecedor encontra a sua atividade nestas vibrações, e tudo a que pode responder, ou seja, tudo a que pode reproduzir, é o Conhecimento. O pensamento é uma reprodução dentro da mente do Conhecedor daquilo que não é o Conhecedor, não é o Eu; é uma imagem, causada por uma combinação de ondas-movimento, uma imagem bastante literal. Uma parte do Não Eu vibra, e à medida que o Conhecedor vibra em resposta, essa parte torna-se o Cognoscível; a matéria vibrando entre eles torna possível o conhecer, pondo-os em contato um com o outro. Assim é estabelecida e mantida a cadeia do Conhecedor, do Cognoscível, e do Conhecer.

Capítulo 2
A Criadora da Ilusão

"Tendo ficado indiferente aos objetos da percepção, o aluno deve procurar o *Raja* dos Sentidos, o Produtor de Pensamentos, aquele que desperta a ilusão.

"A Mente é a grande assassina do Real".

Assim está escrito num dos fragmentos traduzidos por H.P.B. de *O Livro dos Preceitos de Ouro*, aquele requintado poema de prosa que é um dos seus melhores presentes para o mundo. E não há título mais significativo da mente do que este: a "criadora da ilusão".

A mente não é o Conhecedor, e deve sempre ser cuidadosamente distinguida dele. Muitas das confusões e das dificuldades que deixam o estudante perplexo surgem porque ele não se lembra da distinção entre ele que conhece e a mente que é o seu instrumento para obter conhecimento. É como se o escultor fosse identificado com o seu cinzel.

A mente é fundamentalmente dual e material, sendo constituída por um invólucro de matéria sutil, chamado corpo causal e *manas*, a mente abstrata, e de um invólucro de matéria densa, chamado corpo mental e *manas*, a mente concreta, *manas* propriamente. Sendo um reflexo na matéria atômica daquele aspecto do Eu que é o Conhecimento. Esta mente limita o *Jīva*, o qual, à medida que a autoconsciência aumenta, se vê obstruído por ela em todos os lados. Como um homem, para realizar um determinado propósito, pode calçar luvas grossas, e descobrir que as suas mãos perderam muito do seu poder de sentir, da sua delicadeza no toque, da sua capacidade de apanhar objetos pequenos, e que só foram capazes de agarrar objetos grandes e de sentir impactos pesados, assim é com o Conhecedor quando ele veste a mente. A mão está lá, assim como a luva, mas as suas capacidades são muito menores; o Conhecedor está lá, assim como a mente, mas os seus poderes são muito limitados na sua expressão.

Vamos limitar o termo mente, nos parágrafos seguintes, à mente concreta – o corpo mental e o *manas*.

A mente é o resultado do pensamento passado, e está constantemente sendo modificada pelo pensamento presente; é uma coisa, precisa e definitiva, com certos poderes e incapacidades, força e fraqueza, que são o resultado de atividades em vidas anteriores. É como a temos feito; não podemos alterá-la a não ser lentamente, não podemos trancendê-la por um esforço da vontade, não a podemos pôr de lado, nem remover instantaneamente as suas imperfeições. Ela é nossa mente, tal como é, uma parte do Não Eu apropriado e moldado para o nosso próprio uso, e só através dela podemos conhecer.

Todos os resultados dos nossos pensamentos passados estão presentes conosco como mente, e cada mente tem o seu próprio padrão de vibração, e está num estado de movimento perpétuo, oferecendo uma série de imagens em constante mudança. Cada impressão que nos chega do exterior é feita nesta esfera já ativa, e a massa das vibrações existentes modifica-se e é modificada pela nova chegada. O resultado não é, portanto, uma reprodução exata das novas vibrações, mas uma combinação das mesmas com as vibrações já em curso. Vejamos de novo uma ilustração tomada da luz. Se segurarmos um pedaço de vidro vermelho diante dos nossos olhos e olharmos para objetos verdes, estes nos parecerão pretos. As vibrações que nos dão a sensação de vermelho são cortadas por aqueles que nos dão a sensação de verde, e o olho é enganado para ver o objeto como preto. Assim também, se olharmos para um objeto azul através de um vidro amarelo, devemos vê-lo como preto. Em todos os casos, um meio colorido causará uma impressão de cor diferente da do objeto olhado a olho nu. Mesmo olhando para as coisas a olho nu, as pessoas veem-nas de forma um tanto quanto diferente, pois o próprio olho modifica as vibrações que recebe mais do que muitas pessoas imaginam. A influência da mente como um meio pelo qual o Conhecedor vê o mundo exterior é muito semelhante à influência do vidro colorido sobre as cores dos objetos vistos através dele. O Conhecedor é tão inconsciente desta influência da mente, como um homem que nunca tinha enxergado, exceto através de vidros vermelhos ou azuis, ficaria inconsciente das mudanças feitas por eles nas cores de uma paisagem.

É neste sentido superficial e sentido óbvio que a mente é chamada de a "criadora da ilusão". Ela nos apresenta uma combinação de si mesma e do objeto externo com imagens distorcidas.. Num sentido muito mais profundo, de fato, ela é a "criadora da ilusão", na medida em que mesmo estas imagens distorcidas são apenas imagens de aparências, não de realidades; sombras de sombras são tudo o que nos dá. Mas, de momento, nos bastará considerar as ilusões causadas pela sua própria natureza.

Muito diferentes seriam as nossas ideias do mundo, se o pudéssemos conhecê-lo tal como ele é, mesmo no seu aspecto fenomenal, em vez de o conhecermos através das vibrações modificadas pela mente. E isso não é de modo algum impossível, embora só possa ser realizado por aqueles que fizeram grandes progressos no controle da mente. As vibrações da mente podem ser silenciadas, sendo a consciência retirada dela; um impacto de fora irá, então, moldar uma imagem exatamente correspondente a si mesma, sendo as vibrações idênticas em qualidade e quantidade, não intermisturadas com as vibrações pertencentes ao observador. Ou, a consciência pode ir para a frente, envolvendo animicamente o objeto observado, e assim experimentar diretamente as suas vibrações. Em ambos os casos, é adquirido um verdadeiro conhecimento da forma. A ideia no mundo do número, da qual a forma expressa um aspecto fenomenal, também pode ser cognoscível, mas apenas pela consciência que trabalha no corpo causal, livre da mente concreta ou dos veículos inferiores.

A verdade de que só conhecemos as nossas impressões das coisas, e não as coisas – exceto as que são apenas declaradas – é aquela que é do momento vital quando aplicada à vida prática. Ela ensina humildade e cautela, e prontidão para ouvir novas ideias. Perdemos a nossa certeza instintiva de que estamos certos nas nossas observações, e aprendemos a analisar a nós próprios antes de condenarmos os outros.

Uma ilustração pode servir para tornar isso mais claro.

Encontro uma pessoa cuja atividade vibratória se exprime de uma forma complementar à minha. Quando nos encontramos, nos anulamos mutuamente; por isso não gostamos um do outro, não vemos nada um no outro, e cada um de nós se pergunta por que Fulano de Tal pensa que o outro é tão inteligente, quando nos achamos tão sobrenaturalmente tolos. Agora, se eu tiver ganhado um pouco de autoconhecimento, esta maravilha será verificada, no que me diz respeito. Em vez de pensar que o outro é tolo, perguntarei a mim mesmo: "O que me falta para que não possa responder às suas vibrações? Estamos ambos a vibrar, e se eu não consigo perceber a sua vida e pensamento, é porque não consigo reproduzir as suas vibrações. Porque deveria julgá-lo, já que nem sequer posso conhecê-lo até me modificar o suficiente para poder recebê-lo ou acolhê-lo"? Não podemos modificar muito os outros, mas podemos modificar bastante a nós próprios, e deveríamos tentar continuamente aumentar a nossa capacidade receptiva. Temos de nos tornar como a luz branca em que todas as cores estão presentes, que não distorce nenhuma, porque não rejeita nenhuma, e tem em si mesma o poder para responder a cada um deles. Nós podemos medir a nossa abordagem a esse estado de brancura pelo nosso poder de resposta aos mais diversos personagens.

2.1 O Corpo Mental e o *Manas*

Podemos agora recorrer à composição da mente como um órgão de consciência no seu aspecto de Conhecedor, e ver qual é esta composição, como fizemos a mente no passado, como podemos mudá-la no presente.

A mente no lado da vida é *manas*, e *manas* é o reflexo, na matéria atômica, do terceiro – ou Plano Mental – do aspecto cognitivo do Eu como Conhecedor.

Do lado da forma, apresenta dois aspectos, condicionando várias vezes a atividade de *manas*, a consciência a trabalhar no Plano Mental. Estes aspectos são devidos às agregações da matéria do plano traçado em torno do centro vibratório atômico. Chamamos esta matéria, pela sua natureza e uso, de substância mental, ou substância de pensamento. Ela perfaz uma grande região do Universo, interpenetrando matéria astral e física, e existe em sete subdivisões, como os estados da matéria no Plano Físico; é predominantemente sensível às vibrações que provêm do aspecto do Eu que é o Conhecimento, e este aspecto impõe-lhe o seu caráter específico.

O primeiro – e mais elevado – aspecto do lado da forma da mente é o chamado corpo causal. Ele é composto por matéria da quinta e sexta subdivisões do Plano Mental, correspondentes aos éteres mais sutis do Plano Físico. Este corpo causal está pouco desenvolvido em sua maioria na fase atual da evolução, uma vez que não é afetado pelas atividades mentais dirigidas a objetos externos, razão pela qual podemos deixá-lo de lado, em todo o caso, por agora. Ele é, de fato, o órgão do pensamento abstrato.

O segundo aspecto chama-se corpo mental, e é composto por matéria de pensamento pertencente às quatro subdivisões inferiores do Plano Mental correspondentes ao éter mais sutil, e os estados gasoso, líquido e sólido da matéria no Plano Físico. Ele pode, na verdade, ser designado por corpo mental denso. Os corpos mentais apresentam sete grandes tipos fundamentais, cada um dos quais inclui formas em cada fase de desenvolvimento, e todos evoluem e crescem sob as mesmas leis. Compreender e aplicar estas leis é mudar a lenta evolução através da natureza pelo rápido crescimento através da inteligência autodeterminante. Daí decorre a profunda importância do seu estudo.

2.2 A Construção e Evolução do Corpo Mental

O método pelo qual a consciência constrói o seu veículo é um método que deve ser claramente apreendido, pois cada dia e hora de vida dá oportunidade para a sua aplicação a fins elevados. Em estado de vigília ou de sono, estamos sempre construindo os nossos corpos mentais; pois quando a consciência vibra, ela afeta a matéria mental que a rodeia, e cada vibração da consciência, embora seja devida apenas a um pensamento passageiro, atrai para o corpo mental algumas partículas de matéria mental, e solta outras partículas da mesma. No que diz respeito ao veículo – o corpo – isto é devido à vibração; mas não deve ser esquecido que própria essência da consciência é de identificar-se constantemente com o Não Eu, e constantemente reafirmar-se rejeitando o Não Eu; a consciência consiste na afirmação e negação alternadas, "Eu sou isto", "Eu não sou isto"; daí o seu movimento ser e causar, na matéria, a atração e repulsão a que chamamos uma vibração. A matéria circundante é também lançada às ondas, servindo assim como meio para afetar outras consciências.

Agora, a sutileza ou densidade da matéria assim apropriada depende da qualidade das vibrações estabelecidas pela consciência. Os pensamentos puros e elevados são compostos de vibrações rápidas, e só podem afetar os raros e sutis graus de matéria mental. Os graus densos permanecem inalterados, sendo incapazes de vibrar com a velocidade necessária. Quando um pensamento desta natureza faz vibrar o corpo mental, partículas da matéria densa são sacudidas para fora do corpo, e o seu lugar é tomado por partículas de granulometria mais sutil, e assim melhores materiais são construídos no corpo mental. Do mesmo modo, os pensamentos básicos e maus atraem para o corpo mental os materiais mais densos adequados à sua própria expressão, e estes materiais repelem e expulsam as espécies mais sutis. Portanto, estas vibrações de consciência estão sempre retirando uma espécie de matéria e construindo outra espécie de matéria. E segue-se, como consequência necessária, que de acordo com a espécie de matéria que construímos nos nossos corpos mentais no passado, será o nosso poder de resposta aos pensamentos que agora nos chegam do exterior. Se os nossos corpos mentais forem compostos de materiais sutis, os pensamentos grosseiros e maus não encontrarão resposta e, portanto, não poderão ocasionar qualquer dano; enquanto que se forem construídos com materiais densos, serão afetados por cada transitante maléfico, e permanecerão irresponsivos ao bem e não beneficiados por ele.

Quando entramos em contato com alguém cujos pensamentos são elevados, as suas vibrações de pensamento, atuando sobre nós, despertam vibrações de tal modo no nosso corpo mental que é capaz de responder, e estas vibrações perturbam e até retiram parte daquilo que é demasiado denso para vibrar em seu elevado nível de atividade. O benefício que dele recebemos depende, portanto, em grande medida, do nosso próprio pensamento passado, e a nossa "compreensão" dele, a nossa capacidade de resposta é condicionada por estes. Não podemos pensar por cada um de nós; ele só pode pensar os seus próprios pensamentos, causando assim vibrações correspondentes na matéria mental à sua volta, e estas atuam sobre nós, instalando nos nossos corpos mentais vibrações simpáticas. Essas afetam a consciência. Um pensador externo a nós só pode afetar a nossa consciência pelo despertar destas vibrações nos nossos corpos mentais.

Mas a compreensão imediata nem sempre se segue à produção de tais vibrações, causadas a partir do exterior. Por vezes o efeito assemelha-se àquele do sol, da chuva e da terra sobre a semente que está enterrada no solo. Não há uma resposta visível de início para as vibrações atuando na semente; mas no interior há uma pequena agitação da vida encapsulada, e essa agitação irá crescer cada vez mais forte, dia após dia, até que a vida em evolução rompa a casca da semente, ao desenvolver-se lance pequenas raízes e brotos. Assim também ocorre com a mente. A consciência vibra fracamente dentro de si mesma, antes de ser capaz de dar qualquer resposta externa aos impactos sobre ela; e quando ainda não somos capazes de compreender um nobre pensador, há ainda em nós uma agitação inconsciente que é a precursora da resposta consciente. Partimos de uma grande presença e encontramo-nos um pouco mais próximo da elevada vida pensante, que dali flui, do que estávamos antes, e germes de pensamento foram acelerados em nós, e as nossas mentes ajudaram na sua evolução.

Algo, portanto, na construção e evolução das nossas mentes pode ser feito de fora, mas a maioria deve resultar das atividades da nossa própria consciência; e se tivermos corpos mentais que devem ser fortes, bem vitalizados, ativos, capazes de captar os pensamentos mais elevados que nos são apresentados, então temos de trabalhar firmemente no pensamento correto; pois somos os nossos próprios construtores, e moldamos as nossas mentes para nós próprios.

Muitas pessoas são grandes leitores. Entretanto, a leitura não constrói a mente; somente o pensamento a constrói. A leitura é valiosa somente na medida que fornece materiais para o pensamento. Um homem pode ler muito, mas o seu crescimento mental será proporcional à quantidade de pensamento que ele utiliza na sua leitura. O valor para ele do pensamento que lê depende do uso que dele faz. A não ser que ele próprio tome o pensamento e trabalhe nele, o seu valor para ele será pequeno e passageiro. "A leitura faz um homem completo", disse *Lord* Bacon, e assim é com a mente e com o corpo. Comer enche o estômago, mas assim como a refeição é inútil para o corpo a menos que seja digerida e assimilada, do mesmo modo a mente pode ser preenchida pela leitura, porém, a menos que haja pensamento, não haverá assimilação do que é lido, e a mente não crescerá deste modo – não obstante, é como sofrer uma sobrecarga, e então enfraquecer em vez de se fortalecer sob uma carga de ideias não assimiladas.

Deveríamos ler menos, e pensar mais, se tivéssemos as nossas mentes crescendo, e a nossa inteligência se desenvolvendo. Se estivermos comprometidos seriamente com a cultura das nossas mentes, devemos passar diariamente uma hora no estudo de algum livro sério e significativo, e lendo durante cinco minutos, deveríamos pensar durante dez, e assim por diante ao longo da hora. A forma habitual é ler rapidamente durante uma hora, e depois guardar o livro até que a próxima hora para a leitura chegue. Assim, as pessoas crescem muito lentamente no poder do pensamento.

Uma das coisas mais marcantes no movimento teosófico é o crescimento mental observado ano após ano nos seus membros. Isso se deve em grande parte ao fato de lhes ser ensinada a natureza do pensamento; eles começam a compreender um pouco do seu funcionamento, e põem-se a construir os seus corpos mentais em vez de os deixarem crescer pelo processo não assistido da natureza. O estudante ávido pelo crescimento deve resolver que nenhum dia passará que não tenha pelo menos cinco minutos de leitura e dez minutos de pensamento extenuante sobre o que é lido. A princípio, ele vai achar o esforço cansativo e laborioso, e descobrirá a fraqueza do seu poder de pensamento. Esta descoberta marca o seu primeiro passo, pois é muito importante descobrir que se é incapaz de pensar com afinco e de modo consecutivo. As pessoas que não conseguem pensar, mas que imaginam que podem, não fazem grandes progressos. É melhor conhecer a sua fraqueza do que se imaginar forte quando se é fraco. A compreensão da fraqueza – o vaguear da mente, a sensação de calor, confusão e fadiga que se instala no cérebro após um esforço prolongado para seguir uma linha difícil de pensamento, está em todos os quadrantes ou sentidos com a sensação semelhante nos músculos após um forte esforço muscular. Com exercício regular e persistente, mas não excessivo, a força do pensamento crescerá, assim como a força muscular cresce. E à medida que esta força de pensamento cresce, também fica sob controle, e pode ser direcionada para fins definitivos. Sem este pensamento, o corpo mental permanecerá solto e desorganizado; e sem ganhar concentração – o poder de fixar o pensamento num ponto definido – o poder do pensamento não pode ser exercido de forma alguma.

Capítulo 3
Transmissão de Pensamento

Quase todo mundo hoje em dia está ansioso por praticar a transmissão de pensamento, e sonha com as alegrias de comunicar-se com um amigo ausente sem a ajuda do telégrafo ou do correio. Muitas pessoas parecem pensar que podem realizar a tarefa com muito pouco esforço, e ficam bastante surpresas quando se encontram com o fracasso total nas suas tentativas. No entanto, é evidente que se deve ser capaz de pensar antes de se poder transmitir o pensamento, e algum poder de pensamento estável deve ser necessário para enviar uma corrente de pensamentos através do espaço. Os débeis pensamentos vacilantes da maioria das pessoas causam meras vibrações cintilantes na atmosfera do pensamento, aparecendo e desaparecendo minuto a minuto, não dando origem a uma forma definida e dotada da mais baixa vitalidade. Uma forma de pensamento deve ser claramente lapidada e bem vitalizada para ser conduzida em qualquer direção definitiva, e para ser forte o suficiente, ao chegar ao seu destino, para lá então estabelecer uma reprodução de si mesma.

Há dois métodos de transmissão de pensamento, um que pode ser distinguido como físico, o outro como psíquico, um, pertencente ao cérebro bem como à mente, o outro apenas para a mente. Um pensamento pode ser gerado pela consciência, causar vibrações no corpo mental, depois no corpo astral, criar ondas no etérico, e depois então nas moléculas densas do cérebro físico; o éter físico é afetado por essas vibrações do cérebro, e as ondas passam para fora, até atingirem outro cérebro e criarem vibrações nas suas partes densas e etéricas. Por isso, as vibrações do cérebro receptor são geradas no astral e depois nos corpos mentais ligados a ele, e as vibrações no corpo mental atraem a agitação vibracional de resposta na consciência. Estas são as muitas fases do arco atravessado por um pensamento. Mas esta travessia de uma "laçada"[5] não é necessária. A consciência pode, ao causar vibrações no seu corpo mental, dirigir essas vibrações diretamente para o corpo mental da consciência receptora, evitando assim a rota que acaba de ser descrita.

Vejamos o que acontece no primeiro caso.

Existe um pequeno órgão no cérebro, a glândula pineal, cuja função é desconhecida dos fisiologistas ocidentais, e com o qual os psicólogos ocidentais não se preocupam. É um órgão rudimentar na maioria das pessoas, mas está em evolução, não regredindo, e é possível acelerar a sua

[5] No original em inglês: *loopline.* (Nota Ed. Bras.)

evolução para uma condição em que possa desempenhar a sua própria função adequadamente, a função que, no futuro, irá desempenhar em todos. É o órgão de transmissão de pensamento, tanto quanto o olho é o órgão da visão ou o ouvido da audição.

Se alguém pensar muito atentamente numa única ideia, com concentração e atenção sustentada, irá tornar-se consciente de uma ligeira vibração ou sensação de formigamento na glândula pineal. A vibração ocorre no éter que permeia a glândula, e causa uma ligeira corrente magnética que dá origem à sensação de formigamento relacionada às densas moléculas da glândula. Se o pensamento for suficientemente forte para causar a corrente, então o pensador sabe que foi bem-sucedido em levar o seu pensamento a uma agudeza e a uma força que o torna capaz de transmissão.

Essa vibração no éter da glândula pineal cria ondas no éter circundante, como ondas de luz, apenas muito mais pequeninas e mais rápidas. Estas ondulações dissipam-se em todas as direções, colocando o éter em movimento, e estas ondas etéricas, por sua vez, produzem ondulações no éter da glândula pineal noutro cérebro, e a partir daí são transmitidas aos corpos astral e mental em sucessão regular, atingindo assim a consciência. Se esta segunda glândula pineal não conseguir reproduzir estas ondulações, então o pensamento passará despercebido, não causando impressões, tal como as ondas de luz não causam uma impressão no olho de uma pessoa cega.

No segundo método de transmissão de pensamento, o pensador, tendo criado uma forma de pensamento no seu próprio plano, não a envia para o cérebro, mas dirige-a imediatamente para outro pensador no Plano Mental. O poder para fazer isso deliberadamente implica numa evolução mental muito superior ao método físico de transmissão de pensamentos, pois o remetente deve estar consciente de si próprio no Plano Mental a fim de exercer conscientemente esta atividade.

Mas este poder está sendo continuamente exercido por todos nós indireta e inconscientemente, uma vez que todos os nossos pensamentos provocam vibrações no corpo mental, que devem, a partir da natureza das coisas, ser propagadas através da matéria mental circundante. E não há razão para limitar a palavra transmissão-de-pensamento a transmissões conscientes e deliberadas de um pensamento particular de uma pessoa para outra. Estamos todos continuamente a afetar-nos uns aos outros por estas ondas de pensamento, enviadas sem intenção definida, e aquilo a que se chama opinião pública é em grande parte criada desta forma. A maioria das pessoas pensa segundo certas linhas, não porque refletiu cuidadosamente numa questão e chegou a uma conclusão, mas porque um grande número de pessoas está pensando dessa maneira, e leva outras pessoas com elas. O pensamento forte de um grande pensador vai para o mundo do pensamento, e é capturado por mentes receptivas e responsivas. Reproduzem as suas vibrações, e assim reforçam a onda de pensamento, afetando outros que tenham permanecido sem responder às ondulações originais. Estas, respondendo novamente, dão força adicional às ondas, e tornam-se ainda mais fortes, afetando grandes massas de pessoas.

A opinião pública, uma vez formada, exerce uma forma dominante sobre as mentes da grande maioria, batendo incessantemente em todos os cérebros e despertando neles ondulações responsivas. Existem também certas formas nacionais de pensar, canais definidos e profundamente segmentados, resultantes da reprodução contínua durante séculos de pensamentos similares, surgidos da história, das lutas, dos costumes de uma nação. Estes modificam e colorem profundamente todas as mentes nascidas na nação, e tudo o que vem de fora da nação é alterado pelo padrão de vibração nacional. Como os pensamentos que nos chegam do mundo exterior são modificados pelos nossos corpos mentais, e quando os recebemos, recebemos as suas vibrações mais as nossas próprias vibrações normais como consequência – também as nações, recebendo impressões de outras nações, recebem-nas como modificadas pelo seu próprio padrão de vibração nacional. Assim, o inglês e o francês, o indiano e o africano veem os mesmos fatos, mas acrescentam-lhes as suas próprias predisposições e, de maneira franca, acusam-se mutuamente de falsificar os fatos e de praticar métodos injustos. Se esta verdade, e a sua inevitabilidade, fosse reconhecida, muitas disputas internacionais seriam atenuadas mais facilmente do que atualmente, muitas guerras seriam evitadas, e as que são travadas seriam mais facilmente encerradas. Então cada nação reconheceria o que por vezes se chama "a equação pessoal", e em vez de culpar a outra por diferenças de opinião, cada uma procuraria o meio termo entre os dois pontos de vista, nenhuma insistindo totalmente no seu próprio.

Uma questão muito prática para o indivíduo, que surge do conhecimento desta contínua e geral transmissão de pensamento, é: Quanto posso ganhar com o bem e evitar o mal, visto que tenho de viver numa atmosfera mista, em que as ondas de pensamento boas e más são sempre ativas e batem contra o meu cérebro? Como posso proteger-me contra a transmissão de pensamento nocivo, e como posso lucrar com os benéficos? O conhecimento da forma no qual o poder seletivo funciona é de vital importância.

Cada homem é a pessoa que mais constantemente afeta o seu próprio corpo mental. Os outros o afetam ocasionalmente, mas ele afeta-se sempre. O orador a quem ele ouve, o autor cujo livro ele lê, afeta o seu corpo mental. Mas são incidentes na sua vida; ele é um fator permanente. A sua própria influência sobre a composição do corpo mental é muito mais forte do que a de qualquer outra pessoa, e ele próprio determina o padrão normal de sua mente. Os pensamentos que não se harmonizam com essa padrão serão postos de lado quando tocam a mente. Se um homem pensa a verdade, uma mentira não pode se alojar na sua mente; se ele pensa em amor, o ódio não o pode perturbar; se pensa em sabedoria, a ignorância não o pode paralisar. Só aqui está a segurança, aqui está o verdadeiro poder. Não se deve permitir que a mente repouse como se fosse um terreno não cultivado, pois, neste caso, qualquer semente de pensamento pode criar raízes e crescer; não se deve permitir que vibre como bem entender, pois isso significa que responderá a qualquer vibração passageira.

Aí reside a lição prática. O homem que a pratica em breve encontrará o seu valor, e descobrirá que, ao pensar, a vida pode tornar-se mais nobre e mais feliz, e que é verdade que pela sabedoria podemos pôr fim à dor.

Capítulo 4
As Origens do Pensamento

Poucos fora do círculo de estudantes de Psicologia têm se preocupado muito com a questão: Como se origina o pensamento? Quando nós chegamos ao mundo, encontramo-nos possuídos de uma grande quantidade de pensamento já prontos, um grande depósito do que se chama "ideias inatas". Estas são concepções que trazemos conosco para o mundo, os resultados condensados ou resumidos das nossas experiências em vidas anteriores à atual. Com este estoque mental em mãos, começamos as nossas ocupações nesta vida, e o psicólogo nunca é capaz de estudar por observação direta as origens do pensamento.

Ele pode, no entanto, aprender algo com a observação de uma criança, pois tal como o novo corpo físico ultrapassa na vida pré-natal a longa evolução física do passado, também o novo corpo mental atravessa rapidamente os estágios do seu longo desenvolvimento. É verdade que o "corpo mental" não é de modo algum idêntico ao "pensamento", e daí que mesmo ao estudarmos o novo corpo mental em si, não estamos de modo algum estudando as "origens do pensamento"; a um grau ainda maior, isso é verdadeiro quando consideramos que poucas pessoas podem até estudar diretamente o corpo mental, mas estão confinadas à observação dos efeitos do funcionamento desse corpo sobre o corpo mais denso de seu semelhante, o cérebro físico e o sistema nervoso. O "pensamento" é tão distinto do corpo mental como do físico; ele pertence à consciência, ao lado da vida, enquanto que os corpos mental e físico pertencem à forma, ao lado da matéria, e são meros veículos ou instrumentos transitórios. Como já foi dito, o estudante deve sempre manter perante ele "a distinção entre aquele que conhece e a mente que é o seu instrumento para obter conhecimento", e a definição da palavra "mente", já mencionada, como "o corpo mental e o *manas*" – um composto.

Podemos, contudo, ao estudar os efeitos do pensamento sobre estes corpos, quando os corpos são novos, inferir por correspondência algo das origens do pensamento, quando um Eu, em qualquer universo, entra em primeiro lugar em contato com o Não Eu. As observações podem ajudar-nos, de acordo com o axioma: "Conforme em cima, assim embaixo". Tudo aqui é apenas um reflexo, e ao estudar os reflexos, podemos aprender algo sobre os objetos que os provocam.

Se uma criança for observada de perto, veremos que as sensações – que respondem a estímulos por sentimentos de prazer ou dor, e principalmente por sentimentos de dor – precedem qualquer sinal de inteligência. Ou seja, que as vagas sensações precedem os cognições definidas. Antes do nascimento, a criança era sustentada pelas forças da vida fluindo através do corpo da mãe. Ao ser lançada sobre uma existência independente, estes laços são cortados. A vida flui para longe do corpo e não é agora renovada; à medida que as forças da vida diminuem, a carência é sentida, e esta carência é dor. O suprimento da carência dá alívio, tranquilidade, prazer, e a criança afunda-se de novo na inconsciência. Logo, as imagens e os sons despertam a sensação, mas ainda não é transmitido nenhum sinal intelectual. O primeiro sinal de inteligência é quando a visão ou a voz da mãe ou da enfermeira está ligada à satisfação da necessidade ou carência sempre recorrente, com o oferecimento de prazer pelo alimento; a ligação pela memória, ou com um grupo de sensações recorrentes com um objeto externo, cujo objeto é considerado como dele separado e como a causa dessas sensações. O pensamento é a cognição de uma relação entre muitas sensações e uma unidade, ligando-as entre si. Esta é a primeira expressão da inteligência, o primeiro pensamento – tecnicamente uma "percepção". A essência disto é o estabelecimento de uma relação como a acima descrita entre uma unidade de consciência – *Jīva* – e um objeto, e onde quer que tal relação seja estabelecida, o pensamento estará presente.

Este simples e sempre verificável fato pode servir como exemplo geral do início do pensamento num Eu separado – ou seja, num Eu triplo enclausurado num invólucro de matéria, ainda que seja muito sutil, um Eu tão diferenciado do Eu; em tais sensações do Eu separado precedem os pensamentos; a atenção do Eu é despertada por uma impressão causada nele e respondida com uma sensação. A sensação massiva de falta, devido à diminuição da energia vital, não suscita por si só o pensamento; mas essa falta é satisfeita pelo contato do leite, causando uma impressão local definida, uma impressão seguida de um sentimento de prazer. Depois que isso foi frequentemente repetido, o Eu estende-se para fora, vagamente, tateando; para fora, por causa da direção da impressão, que veio de fora. A energia da vida flui assim para o corpo mental e vivifica-o, de modo a refletir – ligeiramente no início – o objeto que, entrando em contato com o corpo, tenha causado a sensação. Esta modificação no corpo mental, sendo repetida vez após vez, estimula o Eu no seu aspecto de conhecimento, e ele vibra de forma correspondente. Ele tem sentido falta, contato, prazer, e com o contato uma imagem se apresenta, o olho é afetado, bem como os lábios, duas impressões sensoriais que se misturam. A sua própria natureza inerente liga estes três, a carência, a imagem de contato, o prazer, juntos, e esta ligação é concebida. Só quando ele responde assim é que há pensamento; é o Eu que percebe, não qualquer outro ou seu inferior.

Esta percepção especializa o desejo, que deixa de ser um vago anseio por algo, e torna-se um clamor definitivo por uma coisa especial – o leite. Mas a percepção precisa de revisão, pois o Conhecedor associou três coisas em conjunto, e uma delas tem de ser dissociada – a necessidade. É significativo que, numa fase inicial, a visão do doador de leite suscite a necessidade, o Conhecedor chamando a necessidade quando a imagem associada a ela aparece; a criança que não tem fome chorará pelo peito ao ver a mãe; mais tarde este elo confundido é quebrado, e o doador de leite é associado ao prazer como causa, e visto como o objeto do prazer. O desejo pela mãe é assim estabelecido, e torna-se então um estímulo adicional ao pensamento.

4.1 A Relação de Sensação e Pensamento

Em muitos livros sobre Psicologia, oriental e ocidental, afirma-se muito claramente que todo o pensamento está enraizado na sensação, e até que um grande número de sensações tenha sido acumulado, não pode haver pensamento. "A mente, como a conhecemos", diz H.P. Blavatsky, "é resolvível em estados de consciência, de duração variável, intensidade, complexidade, etc., tudo, em última análise, apoiado na sensação".[6] Alguns escritores foram mais longe do que isto, declarando que não somente as sensações são os materiais a partir dos quais os pensamentos são construídos, mas que os pensamentos são produzidos pelas sensações, ignorando assim qualquer Pensador, qualquer Conhecedor. Outros, no extremo oposto, olham para o pensamento como o resultado da atividade do Pensador, iniciada a partir do seu interior, em vez de receberem o seu primeiro impulso a partir do exterior, sendo as sensações materiais nas quais ele emprega a sua própria inerente capacidade específica, mas não uma condição necessária da sua atividade.

Cada um dos dois pontos de vista, que o pensamento é o puro produto das sensações, e que o pensamento é o puro produto do Conhecedor, contém parte da verdade, mas a verdade completa situa-se entre os dois. É realmente necessário, para o Despertar do Conhecedor, que as sensações atuem sobre ele vindo de fora, e é fato que o primeiro pensamento é produzido em consequência dos impulsos oriundos das sensações, e as sensações servirão como seu antecedente necessário. A menos que houvesse uma capacidade inerente de ligar as coisas entre si, a menos que o eu fosse conhecimento em sua própria natureza, as sensações poderiam ser-lhe apresentadas continuamente e nunca se-

[6] *The Secret Doctrine*, p. 31, em nota da edição em inglês. (*A Doutrina Secreta*. São Paulo: Editora Pensamento)

ria produzido um pensamento. É apenas meia verdade que os pensamentos têm o seu início nas sensações; é preciso trabalhar sobre as sensações o poder de as organizar, e de estabelecer elos, relações entre elas, e também entre elas e o mundo exterior. O Pensador é o pai, a Sensação é a mãe, o Pensamento é a criança.

Se os pensamentos têm o seu início nas sensações, e essas sensações são causadas por impactos vindos de fora, então é mais importante que quando a sensação surja, a natureza e a extensão dessa sensação seja observada com precisão. O primeiro trabalho do conhecedor é observar; se não houvesse nada a observar, ele permaneceria sempre adormecido; mas quando um objeto lhe é apresentado, quando, como o Eu, ele esteja consciente de um impacto, então como Conhecedor ele observa. Da acuracidade dessa observação dependerá o pensamento que ele vai moldar a partir de muitas destas observações reunidas. Se observar incorretamente, se estabelecer uma relação errada entre o objeto que causou o impacto e ele próprio que está observando o impacto, então desse erro no seu próprio trabalho resultará em um número de erros consequentes que nada poderá corrigir a não ser voltar ao seu início.

Vejamos agora como a sensação e a percepção funcionam num caso especial. Suponhamos que sinto um toque na minha mão, o toque causado é respondido por uma sensação; o reconhecimento do objeto que causou a sensação é um pensamento. Quando eu sinto um toque, eu sinto, e nada mais precisa ser acrescentado no que diz respeito a essa pura sensação; mas quando a partir da sensação eu passo para o objeto que causou a sensação, eu percebo que o objeto e a percepção é um pensamento. Esta percepção significa que como Conhecedor eu reconheço uma relação entre meu ser e esse objeto, por ter causado uma certa sensação no meu Eu. Isto, no entanto, não é tudo o que acontece. Pois eu também experimento outras sensações, desde a cor, a forma, a suavidade, o calor, a textura; estas me são novamente transmitidas como Conhecedor, e, auxiliado pela memória de impressões semelhantes anteriormente recebidas, ou seja, comparando imagens passadas com a imagem do objeto que toca na mão, eu decido o tipo de objeto que a tocou.

Nesta percepção das coisas que nos faz sentir, reside o início do pensamento; colocando isto nos termos metafísicos comuns – a percepção de um Não Eu como a causa de certas sensações no Eu é o início da cognição. Sentir-se sozinho, se tal fosse possível, não poderia conferir consciência do Não Eu; haveria apenas a sensação de prazer ou dor no Eu, uma consciência interior de expansão ou contração. Não seria possível uma evolução superior se um homem não pudesse fazer nada além do que sentir; só quando ele reconhece objetos como causas de prazer ou dor é que começa a sua educação humana. No estabelecimento de uma relação consciente entre o Eu e o Não Eu, é que toda a evolução futura depende, e essa evolução consistirá, amplamente, em que essas relações se tornem cada vez mais numerosas, cada vez mais complicadas, cada vez mais acuradas no que diz respeito ao Conhecedor. O Conhecedor começa o seu desdobramento exterior quando a consciência desperta, sentindo prazer ou dor, vira o seu olhar para o mundo exterior e diz: "Esse objeto me deu prazer; esse objeto me trouxe dor".

Deve ter havido um grande número de sensações antes do Eu responder externamente. Depois veio um tatear monótono e confuso após o prazer, devido a um desejo no Eu disposto a experimentar uma repetição do prazer. E este é um bom exemplo do fato, anteriormente mencionado, de que não existe tal coisa como puro sentimento ou puro pensamento; pois "desejo de repetição de um prazer" implica que a imagem do prazer permanece, ainda que fraca, na consciência, e isso é memória e pertence ao pensamento. Durante muito tempo, o Eu meio-desperto desloca-se de uma coisa para outra, atacando o Não Eu de forma aleatória, sem que qualquer direção seja dada a esses movimentos pela consciência, experimentando prazer e dor sem qualquer percepção da causa de um deles. Só quando isso se prolonga por muito tempo é que a percepção acima mencionada torna-se possível, e a relação entre o Conhecedor e o Cognoscível começa.

Capítulo 5
A Natureza da Memória

Quando se estabelece uma ligação entre um prazer e um determinado objeto, surge o desejo definitivo de obter novamente esse objeto, e assim repetir o prazer. Ou, quando se estabelece uma ligação entre uma dor e um determinado objeto, surge o desejo definitivo de evitar esse objeto, e assim escapar à dor. Na estimulação, o corpo mental repete prontamente a imagem do objeto; pois, devido à lei geral de que a energia flui na direção da menor resistência, a matéria do corpo mental é moldada mais facilmente na forma já frequentemente tomada; esta tendência para repetir as vibrações uma vez iniciadas, quando operadas pela energia, deve-se a *Tamas*, à inércia da matéria, que é o germe da Memória. As moléculas de matéria, tendo sido agrupadas, desfazem-se lentamente à medida que outras energias atuam sobre elas, mas retêm durante um tempo considerável a tendência para retomar a sua relação mútua; como se um impulso, tal como aquele que as agrupou, lhes fosse dado, elas prontamente retornam de novo a posição. Além disso, quando o Conhecedor vibrou de qualquer modo particular, esse poder de vibração permanece com ele, e, no caso do objeto de prazer, ou de dor, o desejo pelo objeto, ou por evitar o objeto, liberta esse poder, diria-se, o empurra para fora, e assim dá o estímulo necessário ao corpo mental. A imagem assim produzida é reconhecida pelo Conhecedor, e no único caso o apego causado pelo prazer faz com que ele reproduza também a imagem do prazer. No outro, a repulsa causada pela dor provoca igualmente a imagem da dor. O objeto e o prazer, ou o objeto e a dor, estão ligados entre si na experiência, e quando o conjunto de vibrações que compõe a imagem do objeto é feito, o conjunto de vibrações que compõe o prazer ou a dor é também iniciado, e o prazer ou a dor é novamente experimentado na ausência do objeto. Isto é memória na sua forma mais simples: uma vibração autoiniciada, da mesma natureza da que causou a sensação de prazer ou de dor, causando novamente aquela sensação. Estas imagens são menos densas, e, portanto, para o Conhecedor parcialmente desenvolvido, menos vívidas e reais, do que as causadas pelo contato com um objeto externo, vibrações físicas pesadas que emprestam muita energia às imagens mentais e de desejo, mas fundamentalmente as vibrações são idênticas, e a memória é a reprodução em matéria mental pelo Conhecedor de objetos previamente contatados. Esta reflexão pode ser – e é – repetida muitas vezes, em matéria cada vez mais sutil, sem considerar qualquer Conhecedor separado, e estes na sua totalidade são o conteúdo parcial da memória do *Logos*, o Senhor de um Universo. Estas imagens de imagens podem ser alcançadas por qualquer Conhecedor separado na proporção em que ele tenha desenvolvido dentro de si o "poder de vibração" acima mencionado. Tal como na telegrafia sem fios, uma série de vibrações que compõem uma mensagem pode ser capturada por qualquer receptor compatível – ou seja, qualquer receptor capaz de as reproduzir – deste modo uma potência vibratória latente dentro de um Conhecedor pode ser ativada por uma vibração semelhante a ela nestas imagens cósmicas. Estas, no plano *akáshico*, formam os "registos *akáshicos*" de que se fala frequentemente na literatura teosófica, e duram toda a vida do Sistema.

5.1 Má Memória

A fim de que possamos compreender claramente o que está na raiz da "má memória", temos de examinar os processos mentais que vão constituir o que se chama memória. Embora em muitos livros de psicologia se fale de memória como uma faculdade mental, não há realmente nenhuma faculdade a que esse nome deva ser dado. A persistência de uma imagem mental não se deve a nenhuma faculdade especial, mas pertence à qualidade geral da mente; uma mente fraca é fraca em persistência como em tudo o mais – como uma substância demasiado fluida para reter a forma do molde em que foi colocado – sai rapidamente da forma que assumiu. Onde o corpo mental é pouco organizado, é um mero agregado solto de moléculas da matéria da mente, uma massa semelhante a nuvens sem muita coerência, cuja memória será certamente muito fraca. Mas esta fraqueza é geral, não especial; é comum a toda a mente, e é devido ao seu baixo estágio de evolução.

À medida que o corpo mental se organiza e os poderes de *Jīva* trabalham sobre ele, nós ainda encontramos frequentemente aquilo a que se chama "uma má memória". Mas se observarmos essa "má memória", descobriremos que ela não é defectível em todos os sentidos, que existem algumas coisas que podem ser bem recordadas, e que a mente retém sem esforço. Se posteriormente examinarmos estas coisas relembradas, descobriremos que são coisas que atraem muito a mente, que as coisas que são muito apreciadas não são esquecidas. Eu conheci uma mulher que se queixava de ter uma má memória em relação a assuntos que estavam sendo estudados, mas observei que ela tinha uma memória muito retentiva no que dizia respeito aos detalhes de um vestido que ela admirava. No seu corpo mental não estava faltando uma quantidade razoável de retenção, e quando ela observava cuidadosa e atentamente, produzindo uma clara imagem mental, a imagem passava a ter uma duração bastante longa. Aqui temos a chave para a "má memória". Isto deve-se à falta de atenção, à falta de observação precisa e, portanto, devido ao pensamento confuso. O pensamento confuso é a impressão desfocada causada pela observação descuidada e falta de atenção, ao mesmo tempo que o pensamento claro é a impressão nítida devido à atenção concentrada e à observação cuidadosa e precisa. Não nos lembramos das coisas a que prestamos pouca atenção, mas lembramo-nos bem das coisas que nos interessam profundamente.

Como deve, então, ser tratada uma "má memória"? Primeiro, as coisas devem ser percebidas em relação às quais sejam más e em relação às quais sejam boas, de modo a se estimar a qualidade geral da adesão. Depois, as coisas consideradas más devem ser escrutinadas, a fim de ver se vale a pena recordá-las, e se são coisas com quais não nos importamos. Se descobrirmos que pouco nos importamos com elas, mas que nos nossos melhores momentos sentimos que devemos cuidar delas, então devemos dizer a nós próprios: "prestarei atenção a elas, irei observá-las com precisão, e pensarei com cuidado e firmeza nelas". Fazendo isso, veremos a nossa memória melhorar. Pois, como foi dito acima, a memória depende realmente da atenção, da observação acurada, e do pensamento claro; o elemento de atração é valioso como fixador da atenção, mas se isso não estiver presente, o seu lugar deve ser preenchido pela vontade.

Agora, é justamente aqui que surge uma dificuldade muito definida e amplamente sentida. Como poderá "a vontade" tomar o lugar da atração? O que é conduzir a própria vontade? A atração desperta o desejo, e o desejo impulsiona o movimento em direção ao objeto atrativo, isto é, no caso suposto, ausente. Como poderá esta ausência de desejo tornar-se boa pela vontade? A atração desperta o desejo, e o desejo impulsiona o movimento em direção ao objeto atrativo, isto é, no caso suposto, ausente. Como é que esta ausência de desejo de se tornar bom através da vontade? A vontade é a força que desencadeia a pronta ação quando essa força está determinada na sua direção pela Razão deliberada, e não pela influência de objetos externos considerados como atraentes. Quando o impulso para a ação, aquele a que muitas vezes chamei de energia do Eu para fora, é motivado por objetos externos, e é recebido, chamamos de desejo de impulso; quando é motivado internamente pela Razão Pura, ele é emitido, e chamamos-lhe de vontade. O que é necessário então, na ausência de atração sentida de fora, é iluminação de dentro, e o motivo da vontade deve ser obtido por uma pesquisa intelectual do campo, e um exercício de julgamento quanto ao que é mais elevado, o objetivo do esforço. O que a Razão seleciona como a coisa mais propícia ao bem do Eu serve de motivo para a vontade. E quando isso já foi definitivamente feito, então em momentos de lassidão, de fraqueza, a recordação da linha de pensamento que levou à escolha, mais uma vez estimula a vontade. Tal coisa, deliberadamente escolhida, pode então tornar-se atrativa, ou seja, um objeto de desejo, ao colocar a imaginação a retratar as suas qualidades agradáveis, os efeitos benéficos – felicidade e doação – efeitos de sua posse. Mas assim como aquele que deseja um objeto deseja os meios, tornamo-nos capazes de superar o encolhimento natural do esforço e da desagradável disciplina, através de um exercício, assim motivado, de vontade. No caso em consideração, tendo determinado que certos objetos são eminentemente desejáveis, capazes de conduzir a uma felicidade prolongada, estabelecemos a vontade de trabalhar para levar a efeito as atividades que conduzirão à sua obtenção.

No cultivo do poder de observação, como em todo o resto, um pouco de prática repetida diariamente é muito mais eficaz do que um grande esforço seguido de um período de inação. Nós deveríamos estabelecer uma pequena tarefa diária de observar cuidadosamente uma coisa, imaginando-a na mente em todos os seus detalhes, mantendo a mente fixada nela por um curto período de tempo, à medida que o olho físico possa estar fixado num objeto. No dia seguinte deveríamos chamar a imagem, reproduzindo-a com a maior acuracidade possível, e depois compará-la com o objeto, e observar quaisquer imprecisões. Se dermos cinco minutos por dia a esta prática, observando alternadamente um objeto e gravando-o na mente, e recordando a imagem do dia anterior, e comparando a nossa imagem com o objeto, nós "melhoraremos a nossa memória" muito rapidamente, e realmente melhoraremos os nossos poderes de observação, de atenção, de imaginação, de concentração; de fato, nós organizaremos o corpo mental, encaixando-o muito mais rapidamente do que a natureza o encaixará sem assistência, para desempenhar as suas funções de forma eficaz e útil. Nenhum homem pode assumir uma prática como esta, e não ser afetado por ela; e ele em breve terá a satisfação de perceber que os seus poderes aumentaram, e que eles passaram a ficar muito mais sob o controle da vontade.

As formas artificiais de melhorar a memória apresentam as coisas à mente de uma forma atrativa, ou associada de tal forma que as coisas venham a ser lembradas. Se uma pessoa visualizar facilmente, ela ajudará uma má memória construindo uma imagem, e anexando aos pontos dessa imagem as coisas que quer recordar; então a chamada da imagem trará também as coisas a serem relembradas. Outras pessoas, nas quais o poder auditivo é dominante, lembram-se pelo *jingle* das rimas, e, por exemplo, tecem uma série de datas, ou outros fatos pouco atrativos, em versos que "fixam-se na mente". Mas muito melhor do que qualquer uma destas formas é o método racional descrito acima, através do qual o corpo-mente se torna mais bem organizado, mais coerente quanto aos seus materiais constitutivos.

5. 2 Memória e Antecipação

Voltemos ao nosso Conhecedor subdesenvolvido.

Quando a memória começa a funcionar, a antecipação segue-se rapidamente, pois a antecipação é apenas a memória jogada para a frente. Quando a memória repete um prazer experimentado no passado, o desejo procura novamente agarrar o objeto que deu o prazer, e quando esta repetição é concebida como o resultado da busca desse objeto no mundo exterior e de desfrutá-lo, temos a antecipação. A imagem do objeto e a imagem do prazer são vivenciadas e compartilhadas pelo Conhecedor em relação um ao outro; se ele acrescentar a esta contemplação o elemento do tempo, do passado e do futuro, dois nomes serão dados a tal contemplação: a contemplação acrescida a ideia do passado é memória, acrescida a ideia do futuro é antecipação. À medida que estudamos essas imagens, começamos a compreender a força total do aforismo de Patañjali, que para a prática do *Yoga* um homem deve parar as "modificações do princípio do pensamento".[7] Olhando pelo

[7] "*Yoga* é a inibição das modificações da mente", conforme *A Ciência do Yoga*, I-2 , Brasília: Editora Teosófica, 1996, p. 19. (Nota Ed. Bras.)

ponto de vista da ciência oculta, cada contato com o Não Eu modifica o corpo mental. Parte do material do qual esse corpo é composto é reorganizado como uma foto ou imagem do objeto externo. Quando são estabelecidas relações entre essas imagens, isto é o pensamento, tal como visto no lado da forma. Em correspondência com isso, existem vibrações no próprio Conhecedor, e estas modificações dentro dele mesmo estão presentes no pensar, como visto no lado da vida. Não se deve esquecer que o estabelecimento destas relações é o trabalho peculiar do Conhecedor, é o seu acrescimo às imagens, e que esse acréscimo transforma as imagens em pensamentos. As imagens no corpo mental assemelham-se muito no seu caráter às impressões feitas numa placa sensível pelas ondas etéricas que se encontram para além do espectro da luz e que atuam quimicamente sobre os sais de prata, reordenando a matéria na placa sensível, de modo que nela se formem imagens dos objetos a que tem sido exposto. Assim, na placa sensível a que chamamos corpo mental, os materiais são rearranjados como uma imagem dos objetos que foram contatados. O Conhecedor percebe estas imagens pelas suas próprias vibrações responsivas, ele as estuda, e após algum tempo começa a arranjá-las para modificá-las pelas vibrações que lhes envia a partir de si próprio. Pela lei já referida, essa energia segue a linha de menor resistência; ele "re-forma" mais e mais repetidamente as mesmas imagens, faz imagens de imagens; desde que se limite a esta simples reprodução, com o único acréscimo do elemento tempo, nós temos, como já foi dito, memória e antecipação.

O pensamento concreto é, afinal, apenas uma repetição em matéria mais sutil de experiências cotidianas, com esta diferença, que o Conhecedor pode parar e alterar a sua sequência, repeti-las, apressá-las ou afrouxá-las como quiser. Ele pode atrasar qualquer imagem, remoendo-a, debruçando-se sobre ela, pensando nela, e pode assim ganhar com a sua vagarosa reanálise de experiências que em muito lhe escaparam enquanto passava por elas, preso à incansável e incessante roda do tempo. Dentro do seu próprio domínio, ele pode fazer o seu próprio tempo, no que diz respeito às suas medidas, tal como o *Logos* para os Seus mundos; só ele não pode escapar à essência do tempo, sucessão, até que possa tocar na consciência Logoica, libertando-se dos vínculos do mundo-matéria; e depois, até mesmo, apenas no que diz respeito a este Sistema.

Capítulo 6
O Desenvolvimento do Pensamento

6.1 Observação e o Seu Valor

O primeiro requisito para um pensamento eficaz é uma observação atenta e acurada. O Eu como Conhecedor deve observar o Não Eu com atenção e acuracidade, se quiser tornar-se o Conhecido, e assim fundir-se no Eu.

O segundo requisito é a receptividade e tenacidade no corpo mental, o poder de ceder rapidamente às impressões e de as reter quando criadas.

Em proporção à atenção e acuracidade da observação do Conhecedor, e a receptividade e tenacidade do seu corpo mental, será a rapidez da sua evolução, a velocidade com que as suas potências latentes se tornam poderes ativos.

Se o Conhecedor não observou com precisão a imagem-pensamento, ou se o corpo mental, não estando desenvolvido, tem sido insensível a todas as vibrações, exceto às vibrações mais fortes de um objeto externo, e assim tem sido alterado para uma reprodução imperfeita, sendo o material para o pensamento inadequado e enganador. O esboço geral é de início tudo o que é obtido, estando os detalhes desfocados ou até mesmo omitidos. À medida que desenvolvemos nossas faculdades, e à medida que construímos substâncias mais refinadas no corpo mental, descobrimos que recebemos do mesmo objeto externo muito mais do que recebemos nos nossos dias de subdesenvolvimento. Assim, encontramos muito mais num objeto do que o que haviamos nele encontrado antes.

Vejamos dois homens de pé num campo, em presença de um esplêndido pôr do sol... Que um deles seja um trabalhador agrícola não evoluído, que não tenha tido o hábito de observar a Natureza, exceto com referência às suas lavouras, que apenas olhou para o céu para ver se prometia chuva ou sol, não se preocupando com os seus aspectos, a não ser com o fato de que eles pudessem suportar o seu próprio sustento e emprego. Que o segundo seja um artista, um pintor de genial talento, repleto de amor à beleza, e treinado para ver e desfrutar de todas as matizes e tonalidades da cor. Os corpos físico, astral e mental do trabalhador estão todos em presença desse lindo pôr do sol, e todas as vibrações causadas por ele estão tocando nos veículos da sua consciência; ele vê cores diferentes no céu, e observa que há muito vermelho, prometendo um belo dia seguinte, bom ou mau para as suas colheitas, conforme o caso. É tudo o que ele ganha com isso. Os corpos físico, astral e mental do pintor estão todos expostos exatamente às mesmas pulsações que os do operário, mas quão diferente é o resultado! O material sutil dos seus corpos reproduz um milhão de vibrações demasiado rápidas e sutis para mover o material denso do outro. A sua imagem do pôr do sol é consequentemente bastante diferente da imagem produzida no operário. Os delicados tons de cor, matizes que se dissolvem em tonalidades azul e rosa translúcidos e verde pálido iluminado, com brilhos dourados e salpicado de púrpura real – todos eles são apreciados com uma alegria persistente, um êxtase de prazer sensual; estando despertas todas as belas emoções, amor e admiração fundindo-se em reverência e alegria a essa beleza; surgem ideias do mais inspirador caráter, à medida que o corpo mental se modifica sob as vibrações que nele atuam no Plano Mental a partir do aspecto mental do pôr do sol. A diferença das imagens não se deve a uma causa externa, mas a uma receptividade interna. Não reside no exterior, mas na capacidade de resposta. Não está no *Não Eu*, mas no Eu e nas suas bordas. O resultado produzido ocorre de acordo com estas diferenças; tanto flui pouco para um, quanto para o outro!

Aqui vemos com força surpreendente o significado da evolução do Conhecedor. Um universo de beleza pode estar à nossa volta, as suas ondas atuam em nós de todos os lados, e ainda assim para nós pode ser inexistente. Tudo o que está na mente do *Logos* do nosso Sistema está agora atuando em nós e nos nossos corpos. O quanto dele nós podemos receber marca o palco da nossa evolução. O que é desejado para o crescimento evolutivo não é uma mudança alheia a nós, mas uma mudança dentro de nós. Tudo já nos é dado, mas temos de desenvolver a capacidade de receber.

Podemos concluir, a partir do que agora foi dito, que a observação acurada é um elemento do pensar com clareza. Temos de começar este trabalho no Plano Físico, onde os nossos corpos entram em contacto com o Não Eu. Subimos, e toda a evolução começa no plano inferior e vai além para o plano superior; no plano inferior tocamos primeiro o mundo exterior, e daí as vibrações passam para cima – ou para dentro – clamando pelas forças interiores.

A observação acurada é, portanto, uma faculdade a ser definitivamente cultivada. A maioria das pessoas percorre o mundo com os olhos semicerrados, e cada um de nós pode testar isso por si próprio, questionando-se sobre o que temos observado enquanto caminhamos ao longo de uma rua. Podemos perguntar: “O que é que eu observei enquanto passeava por esta rua? “Muitas pessoas terão observado quase nada, não foram formadas imagens claras Outras terão observado algumas poucas coisas; algumas outras terão observado muitas coisas. Houdin relatou que ele treinou o seu filho pequeno a observar o conteúdo das lojas por onde passava, caminhando ao longo das ruas de Londres, até que ele pudesse dizer todo o conteúdo de uma frente de loja por onde tinha passado, sem ter parado, tendo apenas lhe dirigido um simples olhar. A criança normal e o selvagem são observadores, e de acordo com a extensão da sua capacidade de observação é dada a medida da sua inteligência. O hábito da observação clara e rápida para o homem médio está na raiz do pensamento claro. Os que pensam de maneira mais confusa são geralmente os que observam com menos acuracidade; exceto quando a inteligência está altamente desenvolvida e se volta para dentro de forma habitual, e os corpos não foram treinados da forma como menciona-se a seguir.

Mas a resposta à pergunta acima pode ser: "Eu estava pensando noutra coisa, e portanto não observei". E a resposta é boa, se quem respondeu estava pensando em algo mais importante do que a preparação do corpo mental e do poder da atenção através da observação cuidadosa. Tal pessoa pode ter feito bem na sua falta de observação; mas se ela só tem sonhado, andado à deriva sem rumo, então perdeu o seu tempo muito mais do que se tivesse voltado a sua energia para o exterior.

Um homem profundamente absorvido no pensamento não será observador de objetos que passam, voltado para dentro e não para fora, não atenderá ao que estiver acontecendo à sua frente. Pode não valer a pena, nesta vida, treinar o seu corpo para fazer observações quase independentes, pois os altamente desenvolvidos e os parcialmente desenvolvidos precisam de uma preparação diferente.

Mas quantos dos inobservantes estão realmente "profundamente envolvidos e engajados no pensamento"? Na mente da maioria das pessoas tudo o que se passa é um olhar negligente para qualquer imagem-pensamento que se apresente, uma inversão dos conteúdos da mente de uma forma despretensiosa, semelhante a uma mulher ociosa que passivamente revira o conteúdo do seu guarda-roupa ou da sua caixa de joias. Isso não é pensar, pois pensar significa, como vimos, o estabelecimento de relações, a inclusão de algo que não estava anteriormente presente. Ao pensar, a atenção do Conhecedor é deliberadamente dirigida para as imagens-pensamento, e ele dirige essa atenção ativamente sobre elas.

O desenvolvimento do hábito da observação, então, é parte do treino da mente, e aqueles que a praticam descobrirão que a mente se torna mais clara, aumenta de poder, e se torna mais facilmente controlável, de modo que eles podem dirigi-la sobre qualquer objeto muito melhor do que tinham sido capazes de fazê-lo anteriormente. Agora, este poder de observação, uma vez definitivamente estabelecido, funciona automaticamente, o corpo mental e outros corpos registrando imagens que estão disponíveis se quiserem mais tarde, sem chamar na ocasião a atenção do seu proprietário. Já não é, então, necessário que a atenção da pessoa seja direcionada para objetos apresentados aos órgãos dos sentidos, para que se possa fazer e preservar uma impressão desses objetos. Um caso muito trivial, mas significativo, deste tipo, aconteceu na minha própria experiência. Enquanto eu viajava na América, um dia surgiu uma questão sobre o número na locomotiva de um trem no qual tínhamos viajado. O número foi-me apresentado instantaneamente pela minha mente, mas não se tratava, de forma alguma, de um caso de clarividência. Para a percepção clarividente teria sido necessário ter percorrido visualmente o trem e procurado o número. Sem qualquer ação consciente da minha parte, os órgãos dos sentidos, sentidos e mente tinham observado e registrado o número à medida que o trem entrava na estação, e quando o número era desejado, a imagem mental do trem que chegava, com o número na parte da frente do motor, surgiu de imediato. Esta faculdade, uma vez estabelecida, é útil, pois significa que, quando as coisas que passaram à sua volta não atraíram a sua atenção na ocasião, você pode não obstante recordar-se delas olhando para o registo que os corpos mental, astral e físico fizeram das coisas por sua própria conta.

Esta atividade automática do corpo mental, fora da atividade consciente de *Jīva*, continua, no entanto, mais extensivamente em todos nós do que se poderia supor; pois se tem verificado que quando uma pessoa é hipnotizada, ela irá relatar uma série de pequenos acontecimentos que lhe tinham ocorrido sem despertar a sua atenção. Estas impressões alcançam o corpo mental através do cérebro, e são registradas tanto as últimas como as primeiras. Muitas impressões, portanto, alcançam assim o corpo mental, e essas impressões que não são suficientemente profundas para entrar penetrar consciência – não porque a consciência não as possa reconhecer, mas porque normalmente não está suficientemente desperta para notar quaisquer impressões, exceto as mais profundas. No transe hipnótico, no delírio, nos sonhos físicos, quando *Jīva* está longe, o cérebro consente essas impressões, que normalmente são subjugadas por impressões muito mais fortes recebidas e produzidas pelo próprio *Jīva*; mas se a mente for treinada para observar e registrar, então *Jīva* pode recuperar dele ou dela, sob sua vontade, as impressões assim feitas.

Assim, se duas pessoas andassem por uma rua, uma treinada em observação e a outra não, ambas receberiam uma série de impressões, e nenhuma das duas estaria consciente da sua recepção na ocasião; mas, posteriormente, o observador treinado seria capaz de recuperar essas impressões, enquanto o outro não conseguiria. Como este poder está na raiz do pensamento claro, aqueles que desejam cultivar e controlar o poder do pensamento farão bem em cultivar o hábito da observação, e em sacrificar o mero prazer de andar à deriva ociosamente por onde quer que a corrente da fantasia os conduza.

6.2 A Evolução das Faculdades Mentais

À medida que as imagens se acumulam, o trabalho do Conhecedor torna-se mais complicado, e a sua atividade sobre elas extrai um poder atrás do outro, inerente à sua natureza divina. Ele já não aceita o mundo exterior apenas na sua simples relação consigo mesmo, como contendo objetos que são causas de prazer ou de dor para si próprio; mas organiza lado a lado as imagens que os representam, estuda-os nos seus vários aspectos, desloca-os, e os reconsidera. Ele começa também a organizar as suas próprias observações. Ele observa quando uma imagem traz à tona outra, a ordem da sua sucessão. Quando uma segunda sucede a primeira por muitas vezes, ele começa a procurar a segunda quando a primeira aparece, e assim liga as duas juntamente. Esta é a sua primeira tentativa de raciocínio, e aqui, mais uma vez, temos o chamamento de uma faculdade inerente. Ele argumenta que, porque A e B sempre aparecem sucessivamente, portanto quando A aparece, B aparecerá. Sendo esta previsão continuamente verificada, ele liga A e B como "causa" e "efeito", e muitos dos seus erros iniciais são devidos a um estabelecimento demasiado apressado desta relação. Além disso, colocando as imagens lado a lado, ele observa as suas desemelhanças e semelhanças, e desenvolve um poder de comparação. Ele escolhe uma ou outra como sendo uma dádiva prazerosa, e move o corpo em busca delas no mundo exterior, evoluindo o julgamento através destas seleções e as suas consequências. Ele desenvolve um sentido de proporção em relação às semelhanças e desemelhanças, e agrupa os objetos em conjunto pelas suas proeminentes semelhanças, separando-os dos outros pelas suas proeminentes desemelhanças; aqui também ele comete muitos erros, corrigidos por observações posteriores, sendo facilmente enganado de início pelas semelhanças superficiais.

Assim, a observação, o discernimento, a razão, a comparação, o julgamento são desenvolvidos um após outro, e estas faculdades crescem com o exercício, e assim o aspecto do Eu como Conhecedor é desenvolvido pela atividade dos pensamentos, pela ação e reação continuamente repetidas entre o Eu e o Não Eu.

Para acelerar a evolução destas faculdades, devemos exercitá-las deliberada e conscientemente, utilizando as circunstâncias da vida cotidiana como oportunidades para o seu desenvolvimento. Tal como vimos que o poder da observação pode ser treinado no dia a dia, também nós podemos habituar-nos a ver os pontos de semelhança e desemelhança nos objetos à nossa volta, nós podemos tirar conclusões e testá-los por eventos, podemos comparar, e julgar, e tudo isso conscientemente e com um propósito definido. O poder do pensamento cresce rapidamente sob este exercício deliberado, e torna-se algo conscientemente manejado, sentido como uma posse definitiva.

6.3 O Treinamento da Mente

Treinar a mente em qualquer direção é treiná-la completamente até certo ponto, pois qualquer tipo definido de treino organiza a matéria mental da qual o corpo mental é composto, e também chama a atenção para alguns dos poderes do Conhecedor. A capacidade aumentada pode ser direcionada para qualquer fim, e está disponível para todas as finalidades. Uma mente treinada pode ser aplicada a um novo assunto, e irá lutar com ele e dominá-lo de uma forma impossível para os não treinados, e isto é o uso da educação.

Mas deve ser sempre recordado que a preparação da mente não consiste em abarrotá-la de fatos, mas sim em delinear os seus poderes. A mente não cresce ao ser abarrotada com os pensamentos de outras pessoas, mas sim ao exercer as suas próprias faculdades. Diz-se dos grandes Mestres, que se encontram à frente da evolução humana, que Eles sabem tudo o que existe dentro do Sistema Solar. Isto não significa que todos os fatos que aí se encontram estejam sempre dentro da Sua consciência, mas sim que Eles desenvolveram o aspecto do conhecimento em Si mesmos que, sempre que viram Sua atenção em qualquer direção, Eles tomam conhecimento do objeto para o qual estão se virando. Isto é muito maior do que o armazenamento na mente de qualquer número de fatos, pois é uma grande coisa ver qualquer objeto sobre o qual se vira o olho, do que estar cego e conhecê-lo apenas pela descrição que lhe é dada por outros. A evolução da mente não se mede pelas imagens que ela contém, mas pelo desenvolvimento da natureza que é o conhecimento, o poder de reproduzir dentro de si tudo o que lhe é apresentado. Isto será tão útil em qualquer outro universo como neste, e, uma vez adquirido, é nosso para o utilizarmos onde quer que estejamos.

6.4 Associação com os Superiores

Assim sendo, este trabalho de treinamento da mente pode ser muito favorecido por meio do contato com aqueles que são mais evoluídos do que nós. Um pensador que tem o poder mental maior que o nosso pode ajudar-nos materialmente, pois envia vibrações de uma ordem mais elevada do que aquela que somos capazes de criar. Um pedaço de ferro posto no chão não pode iniciar vibrações de calor por sua própria conta; mas se for colocado perto de uma fogueira ou fogo, pode responder às vibrações de calor do fogo, e assim se tornar quente. Quando nos aproximamos de um pensador de maior poder mental, as suas vibrações atuam nos nossos corpos mentais e instalam-se neles as vibrações correspondentes, de modo a vibrarmos empaticamente com ele. Para a época corrente sentimos que o nosso poder mental é aumentado e que somos capazes de captar concepções que normalmente nos escapam. Mas quando estamos novamente sozinhos, descobrimos que estas mesmas concepções se tornaram indistintas e confusas.

As pessoas ouvirão uma palestra, e a seguirão inteligentemente, no momento, compreendendo o ensinamento que ela transmite. Elas vão embora satisfeitas, sentindo que fizeram um ganho substancial em conhecimento. No dia seguinte, desejando partilhar com um amigo o que ouviram, descobrem com grande pesar que não podem reproduzir as concepções que pareciam ser tão claras e luminosas. Muitas vezes, elas exclamarão com impaciência: "Tenho a certeza de que eu sei; está logo ali, se ao menos conseguisse ter acesso". Este sentimento surge da memória das vibrações que tanto o corpo mental como *Jīva* experimentaram; há a consciência de ter compreendido as concepções, a memória das formas assumidas, e a sensação de que, tendo-as produzido, a sua reprodução deveria ser fácil. Mas no dia anterior foram as vibrações dominantes do pensador mais forte que moldaram as formas tomadas pelo corpo mental; elas foram moldadas de fora, não de dentro. A sensação de incapacidade experimentada na tentativa de as reproduzir significa que esta moldagem deve ser feita algumas vezes para elas, antes que tenham força suficiente para reproduzir essas formas através de vibrações autoiniciadas. O Conhecedor deve ter vibrado nestas mais elevadas maneiras várias vezes, antes de poder reproduzir as vibrações à vontade. Em virtude da sua própria inerente natureza, ele pode desenvolver o poder dentro de si mesmo para reproduzi-las, quando for levado a responder por várias vezes pelo impacto de fora. O poder em ambos os Conhecedores é o mesmo, mas um o desenvolveu, enquanto no outro ele está latente. É tirado da latência pelo contato com um poder semelhante já em atividade, e assim o mais forte acelera a evolução do mais fraco.

Aqui reside um dos valores da associação com pessoas mais avançadas do que nós próprios. Aproveitamos o seu contato, e crescemos sob a sua influência estimulante. Um verdadeiro Instrutor ajudará assim os seus discípulos muito mais mantendo-os perto dele do que através de qualquer palavra falada.

Para esta influência, o contato pessoal direto proporciona o canal mais eficaz. Mas se isso não acontecer, ou em associação a isso, muito poderá adicionalmente ser ganho com os livros, se os livros forem sabiamente escolhidos. Ao ler a obra de um escritor realmente notável, devemos tentar no momento colocar-nos numa condição receptiva, de modo a receber o maior número possível das suas vibrações de pensamento. Quando tivermos lido as palavras, devemos debruçarmo-nos nelas, ponderar sobre elas, tentar sentir o pensamento que elas exprimem parcialmente, extrair delas todas as suas relações ocultas. A nossa atenção deve ser concentrada, de modo a penetrar na mente do escritor através do véu das suas palavras. Tal leitura serve como uma educação, e ajuda encaminhar a nossa evolução mental. Uma leitura feita com menos esforço pode servir como um passatempo agradável, pode armazenar fatos valiosos em nossas mentes, e assim salvaguardar a nossa capacidade de ser úteis. Mas tal leitura, como é descrita, significa um estímulo à nossa evolução, e não deve ser negligenciada por aqueles que procuram crescer a fim de servir.

Capítulo 7
Concentração

Pouquíssimas coisas cobram mais os esforços do aluno ao começar a treinar a sua mente do que a sua concentração. Nas fases iniciais da atividade da mente, o progresso depende dos seus movimentos rápidos, da sua vigilância, da sua prontidão para receber impactos de sensação após sensação, ajustando rapidamente a sua atenção de um para outro. A versatilidade é, nessa fase, uma qualidade muito valiosa, e o constante ajuste da atenção para o exterior é essencial para o progresso. Enquanto a mente está a recolhendo materiais para o pensamento, a mobilidade extrema é uma vantagem, e para muitas, muitas vidas a mente cresce através desta mobilidade, e a aumenta através do exercício. A paralização deste hábito de correr para fora em todas as direções, a imposição de uma atenção fixa num ponto fixo, esta mudança vem naturalmente com um impacto e um choque, e a mente precipita-se descontroladamente, como um cavalo indomado, quando sente o bridão pela primeira vez.

Vimos que o corpo mental é moldado em imagens dos objetos para os quais a atenção é dirigida. Patañjali diz:

Yoga é a inibição das modificações da mente, ou seja, acabar com estas sempre mutantes reproduções do mundo exterior. Para parar as sempre mutantes modificações do corpo mental, e para mantê-lo moldado a uma imagem estável, é necessário concentração no que diz respeito à forma; dirigir a atenção constantemente para esta forma, de modo a reproduzi-la perfeitamente dentro de si, é concentração no que diz respeito ao Conhecedor.

Na concentração, a consciência é mantida em uma única imagem; toda a atenção do Conhecedor é fixada num único ponto, sem vacilar ou oscilar. A mente – que corre continuamente de uma coisa para outra, atraída por objetos externos e moldando-se a cada um em célere sucessão – é verificada, mantida e forçada pela vontade de permanecer em uma forma, moldada a uma imagem, ignorando todas as impressões que lhe são lançadas.

Agora, quando a mente então se mantém moldada a uma imagem, e o Conhecedor a contempla constantemente, ele obtém um conhecimento muito mais completo do objeto do que poderia obter por meio de qualquer descrição verbal do mesmo. A nossa ideia de uma imagem, de uma paisagem, é muito mais completa quando a vemos, do que quando apenas lemos a respeito dela, ou ouvimos a sua descrição. E se nos concentrarmos nessa descrição, a imagem será moldada no corpo mental, e adquiriremos um conhecimento mais completo da mesma do que aquele que se obtém com a mera leitura das palavras. As palavras são símbolos de coisas, e a concentração no esboço rudimentar de uma coisa produzida por uma palavra descritiva da mesma preenche cada vez mais detalhes, à medida que a consciência se aproxima mais de perto da coisa descrita.

É preciso lembrar que a concentração não é um estado de passividade, mas, pelo contrário, uma atividade intensa e regulada. No mundo mental, assemelha-se à contração dos músculos para um salto no mundo físico, ou o seu enrijecimento para atender a uma tensão prolongada. De fato, esta tensão manifesta-se sempre numa correspondente tensão física com principiantes, e a fadiga física segue-se ao exercício de concentração – fadiga dos músculos, e não apenas do sistema nervoso. À medida que fixamos firmemente o olho num objeto, o mesmo permite-nos observar os seus detalhes, sem ser notado num olhar de relance, assim também a concentração nos permite observar os detalhes de ideia. E à medida que aumentamos a intensidade da concentração, absorvemos mais no tempo, do mesmo modo que um corredor consegue passar por mais objetos num minuto do que um pedestre. O pedestre gastará exatamente a mesma quantidade de energia muscular ao passar por vinte objetos tal qual o corredor, mas a rapidez com que a energia é liberada corresponde ao menor tempo de passagem.

No início, duas dificuldades têm de ser superadas. Primeiro, o Conhecedor deve ignorar as impressões que continuamente são lançadas na mente. O corpo mental deve ficar prevento de reagir a estes contatos, e a tendência para responder a estas impressões externas deve ser evitada; mas isto requer a direção parcial da atenção à resistência em si, e quando a tendência para responder tenha sido vencida, a própria resistência deve passar; é necessário um equilíbrio perfeito, nem resistência nem não resistência, mas uma quietude estável tão forte que ondas vindas do exterior não produzirão qualquer resultado, nem mesmo o resultado secundário da consciência de algo a ser resistido.

Em segundo lugar, a própria mente deve produzir uma única imagem, por ora, o objeto de concentração; ela deve não só se recusar a modificar-se em resposta aos impactos vindos do exterior, mas deve também cessar a sua própria atividade interior, com a qual está reorganizando constantemente o seu conteúdo, a pensar neles, a estabelecer novas relações, a descobrir semelhanças e antipatias ocultas. Tem agora de limitar a sua atenção a um único objeto, para se fixar nele. Evidentemente, ela não cessa a sua atividade, mas envia-a ao longo de um único canal. A água que corre sobre uma superfície larga em comparação com a quantidade de água terá pouca potência motora. A mesma água enviada ao longo de um canal estreito, com o mesmo impulso inicial, irá transportar um obstáculo. Daí o valor do "unidirecionamento" tão continuamente insistido pelos professores de meditação. Sem aumentar a força da mente, a sua força efetiva é imensamente aumentada. Permitindo-se que uma quantidade de vapor se expanda ao ar livre, ele não sai do seu caminho ou rota; não obstante, ao longo de um tubo, esta mesma quantidade de vapor conduziria um pistão. Esta imposição de quietude interior é ainda mais difícil do que ignorar os impactos exteriores, preocupando-se com a sua própria mais profunda e plena vida. Dar as costas ao mundo exterior é mais fácil do que acalmar o seu interior, pois este mundo interior é mais identificado com o Eu , e, de fato, para a maioria das pessoas na fase atual da evolução, representa o "Eu". A própria tentativa, no entanto, de manter a mente imóvel logo nos coloca um passo à frente na evolução da consciência, pois rapidamente sentimos que o Governante e o governado não podem ser um só, e instintivamente identificamo-nos com o Governante. "Calar a minha mente" é a expressão da consciência, e a mente é sentida como pertencendo a, como uma posse do "Eu".

Esta distinção cresce inconscientemente, e o estudante descobre-se consciente de uma dualidade, de algo que é controlador, e de algo que é controlado. A mente inferior concreta é separada, e o "Eu" é percebido como que dotado de maior poder, de visão mais clara, evoluindo para um sentimento de que este "Eu" não é dependente nem do corpo nem da mente. Esta é a primeira compreensão, ou seja, a sensação, em consciência, da verdadeira natureza imortal, já intelectualmente vista como existente, tendo tal visão, de fato, provocado a própria concentração de que é deste modo recompensada. À medida que a prática continua, o horizonte alarga-se, mas como que para dentro, não para fora, para dentro, e para dentro, contínua e irremediavelmente. Aí se revela um poder de conhecer direto a Verdade, que só se manifesta quando a mente, com os seus lentos processos de raciocínio, é transcendida. [O leitor nunca deve esquecer que "a mente" é usada ao longo de todo o processo como significando " a mente inferior", o corpo mental, mais o *manas*]. Pois o "eu" é a expressão do "Eu" cuja natureza é o conhecimento, e sempre que entra em contato com uma verdade, ele sente as suas vibrações regulares, e portanto é capaz de produzir uma imagem coerente em si mesmo, enquanto que o falso causa uma imagem distorcida, fora de proporção, pelo seu próprio reflexo anunciando a sua natureza. À medida que a mente assume uma posição cada vez mais subordinada, estes poderes do Ego afirmam a sua própria predominância e intuição – análoga à visão direta do Plano Físico – toma o lugar do raciocínio, que talvez possa ser comparado ao sentido do tato no Plano Físico. Na realidade, a analogia está mais próxima que à primeira vista possa parecer. Pois a intuição desenvolve-se fora do raciocínio da mesma forma ininterrupta, e sem mudança de natureza essencial, à medida que o olho se desenvolve fora do tato. Há certamente uma grande mudança de "maneira", mas isso não nos deve cegar para a evolução sequencial e ordenada. A intuição do ininteligente é impulso, nascido do desejo, e é inferior, e não superior, ao raciocínio.

Quando a mente está bem treinada em se concentrar num objeto, e pode manter a sua unidirecionalidade – como este estado é chamado – por pouco tempo, a fase seguinte é deixar cair o objeto, e manter a mente nesta atitude de atenção fixa, sem que a atenção seja dirigida a qualquer coisa. Neste estado, o corpo mental não mostra qualquer imagem; o seu próprio material está lá, manteve-se estável e firme, não recebendo impressões, numa condição de calma perfeita, como um lago sem ondas. Este não é um estado que possa durar mais do que um período muito breve, como o "estado crítico" do químico, o ponto de contato entre dois subestados reconhecidos e definidos da matéria. De outra forma, a consciência, à medida que o corpo mental é acalmado, escapa dele e passa para dentro e para fora do "centro *laya*", os pontos neutros de contato entre o corpo mental e o corpo causal; a passagem é acompanhada por um desmaio momentâneo, ou perda de consciência" – o resultado inevitável do desaparecimento de objetos de consciência – seguido pela consciência no mais alto. O desaparecimento de objetos de consciência pertencentes aos mundos inferiores é assim seguido pelo aparecimento de objetos de consciência nos mundos superiores. Então o Ego molda esse corpo mental de acordo com os seus próprios pensamentos elevados, permeando-os com as suas próprias vibrações. Ele pode moldá-lo após as elevadas visões dos planos para além dos seus próprios, dos quais ele capturou um vislumbre nos seus momentos mais enlevados, e pode assim transferir para baixo e para fora ideias às quais o corpo mental seria incapaz de responder de outra forma. Estas são as inspirações do gênio, que brilham na mente com uma luz deslumbrante, e iluminam um mundo. O próprio homem que as dá ao mundo pode, no seu estado mental ordinário, raramente dizer como chegaram até ele; só ele sabe que de alguma forma estranha "...... o poder dentro de mim a despontar, vive nos meus lábios e acena com a minha mão".

7.1 A Consciência Está Onde Quer que Haja um Objeto ao qual Responda

No mundo da forma, uma forma ocupa um lugar definido, e não se pode dizer que esteja – por assim dizer – num lugar onde não está. Ou seja, ocupando um determinado lugar, está mais próxima ou mais distante de outras formas, que estão ocupando também determinados lugares em relação aos seus próprios. Se mudar de um lugar para outro, deve atravessar o espaço interveniente; o trânsito pode ser rápido ou lento, rápido como o relâmpago, vagaroso como a tartaruga, mas deve ser feito, e ocupa algum tempo, quer o tempo seja breve ou longo.

Assim sendo, no que diz respeito à consciência, o espaço não tem tal existência. A consciência muda o seu estado, não o seu lugar, e engloba para mais ou para menos, sabe e não sabe daquilo que não é ela mesma, apenas na proporção em que pode ou não pode responder às vibrações dos não eus. O seu horizonte alarga-se com a sua receptividade, ou seja, com o seu poder de resposta, com o seu poder de reproduzir as vibrações. Nisto não se trata de viajar, atravessando intervalos intermédios. O espaço pertence às formas, que mais se afetam umas às outras quando estão próximas umas das outras, e cujo poder sobre as outras diminui à medida que a distância entre elas aumenta.

Todos os estudantes bem-sucedidos em concentração redescobrem por si próprios esta inexistência de espaço para a consciência. Um Adepto pode adquirir conhecimento de qualquer objeto, dentro do Seu limite, concentrando-se nele, e a distância não afeta de modo algum tal concentração. Ele torna-se consciente de um objeto, digamos, noutro planeta, não porque a sua visão astral atua telescopicamente, mas porque na região interna todo o Universo existe como um ponto; tal homem atinge o Coração da Vida, e vê todas as coisas existentes dentro.

Está escrito nos *Upanishads* que dentro do coração existe uma pequena câmara, e nela está o "éter interior", que é coextensivo com o espaço; este é o *Ātmā*, o Eu, imortal, para além da dor:

"Dentro deste habita o céu e o mundo; dentro deste habita o fogo e o ar, o sol e a lua, os relâmpagos e as estrelas, tudo o que existe e tudo o que não existe nisto [o Universo]".[8]

Este "éter interior do coração" é um antigo termo místico descritivo da natureza sutil do Eu, que é verdadeiramente único e omnipresente, para que qualquer pessoa que esteja consciente no Eu esteja consciente em todos os pontos do Universo. A ciência diz que o movimento de um corpo aqui afeta as estrelas mais distantes, porque todos os corpos estão mergulhados, interpenetrados pelo éter, um meio contínuo que transmite vibrações sem atrito, portanto sem perda de energia, consequentemente a qualquer distância. Isto está no lado da forma da Natureza. Como é natural, então, que a consciência, o lado da vida da Natureza, deva ser igualmente onipresente e contínua.

---

[8] *Chhandogyopnishad,* VIII. i. 3.

Nós nos sentimos "aqui" porque estamos recebendo impressões dos objetos que nos rodeiam. Assim, quando a consciência vibra em resposta a objetos "distantes" tão completamente assim como a objetos "próximos", sentimo-nos estando com eles. Se a consciência responde a um acontecimento que ocorre em Marte tão plenamente como a um acontecimento que ocorre no nosso próprio quarto, não há diferença no seu conhecimento de cada um, e sente-se a si própria como "aqui" igualmente em cada caso. Não se trata de lugar, mas sim de uma questão de evolução da capacidade. O Conhecedor está onde quer que a sua consciência possa responder, e o aumento do seu poder de resposta significa inclusão em sua consciência de tudo aquilo a que responde, de tudo aquilo que está dentro do seu alcance de vibração.

Também aqui a analogia física é útil. O olho vê tudo o que pode enviar em suas vibrações de luz, e nada mais. Pode responder apenas dentro de uma certa gama de vibrações; tudo o que está para além dessa gama, acima ou abaixo dela, é para ele escuridão. O velho axioma hermético: "Assim como em cima, assim em baixo", é uma pista no labirinto que nos rodeia, e por um estudo do refletido em baixo podemos muitas vezes aprender algo do objeto acima que projeta esse reflexo.

Uma diferença entre este poder de estar consciente em qualquer lugar e "ir" aos planos superiores é que, no primeiro caso, *Jīva*, quer esteja enclausurado nos seus veículos inferiores ou não, sente-se imediatamente na presença dos objetos "distantes", e no segundo, revestido nos corpos mental e astral, ou apenas no mental, viaja rapidamente de ponto a ponto e está consciente da translação. Uma diferença muito mais importante é que, no segundo caso, "*Jīva*" pode se encontrar no meio de uma multidão de objetos que ele não compreende, no mínimo, um novo e estranho mundo que o deixa perplexo e o confunde; enquanto no primeiro caso ele compreende tudo o que vê, e conhece em todos os casos a vida, bem como a forma.

Assim estudada, a luz do "Eu Uno" brilha através de todos, e um sereno conhecimento é usufruído, o qual nunca pode ser conquistado, passando inúmeras eras em meio ao deserto das formas.

"Não há razão pura (*Buddhi*) para o não harmonizado, nem há concentração para o não harmonizado, para quem não tem concentração não há paz, e para o não pacífico, como pode haver felicidade?" [9]

[9] *Bhagavad-Gitā*, ii, 66. [Brasília: Editora Teosófica, *Bhagavad-Gitā – A Canção do Senhor*, 2ª ed. (bolso), 2014, p. 72. (Nota Ed. Bras.)]

7.2 Como Concentrar-se

Tendo compreendido a teoria da concentração, o estudante deve começar a sua prática.

Se ele for de temperamento devocional, o seu trabalho será muito simplificado, pois então poderá tomar o objeto da sua devoção como o objeto de contemplação, e sendo o coração poderosamente atraído por esse objeto, a mente irá prontamente habitar nele, apresentando a imagem amada sem esforço e excluindo outros objetos com igual facilidade. Pois a mente é continuamente impulsionada pelo desejo, e serve constantemente como ministro do prazer. O que dá prazer está sempre sendo perseguido pela mente, e procura sempre apresentar imagens que dão prazer e excluir aquelas que dão dor. Por isso, se agarrará a uma imagem amada, sendo firme nessa contemplação pelo prazer experimentado nela, e se forçadamente for arrastada para longe dela, voltará a ela uma vez e sempre. Um devoto pode então muito facilmente alcançar um grau considerável de concentração; pensará no objeto da sua devoção, criando pela imaginação, tão claramente quanto possível, um quadro, uma imagem desse objeto, e então manterá a sua mente fixada nessa imagem, no pensamento do Amado. Assim, um cristão pensaria no Cristo, na Virgem Mãe, na sua Santa Padroeira, no seu

Anjo da Guarda; um hindu pensaria em Maheshvara, Vishnu, Uma, Shri Krishna; um budista pensaria no Buda, no Bodhisattva; um parse de Ahura-Mazda, de Mitra; e assim por diante. Cada um e todos estes objetos apelam à devoção do adorador, e a atração exercida por eles sobre o coração liga a mente ao objeto que dá felicidade. Desta forma, a mente torna-se concentrada com o menor esforço, a menor perda de esforço.

Quando o temperamento não é devocional, o elemento de atração ainda pode ser utilizado como uma ajuda, mas neste caso liga-se a uma Ideia e não a uma Pessoa. As primeiras tentativas de concentração devem ser sempre feitas com esta ajuda. Com a não devocional, a imagem atrativa tomará a forma de alguma ideia profunda, algum problema elevado; tal deverá formar o objeto de concentração, e sobre tal a mente deverá estar firmemente inclinada. Aqui, o poder de atração é o interesse intelectual, o profundo desejo de conhecimento, um dos mais profundos amores do homem.

Outra forma muito fecunda de concentração, para quem não é atraído por uma personalidade como objeto de devoção, é escolher uma virtude e concentrar-se sobre ela. Um tipo muito real de devoção pode ser despertado por um tal objeto, pois ele apela ao coração através do amor à beleza intelectual e moral. A virtude deve ser imaginada pela mente da forma mais completa possível, e quando uma visão geral dos seus efeitos tiver sido obtida, a mente deve ser estabilizada em sua natureza essencial. Uma grande vantagem subsidiária deste tipo de concentração é que à medida que a mente se molda à virtude e repete as suas vibrações, a virtude irá tornar-se gradualmente parte da natureza, e será firmemente estabelecida no caráter. Esta imagem da mente é realmente um ato de autocriação, pois a mente, depois de algum tempo, cai prontamente nas formas a que foi confinada pela concentração, e estas formas tornam-se os órgãos da sua expressão habitual. A verdade é esta, tal como está escrito desde sempre:

O homem é a criação do pensamento; naquilo em que ele pensa nesta vida, no futuro ele se torna.[10]

Quando a mente perde o controle do seu objeto, seja ele devocional ou intelectual – como o fará, vez após vez, este deve ser trazido de volta, e novamente dirigido para o objeto. Muitas vezes, no início, ela vagueia sem ser notada, e o estudante desperta subitamente para o fato de que está pensando em algo bem diferente do próprio objeto do pensamento. Isto irá acontecer repetidas vezes, e ele deve pacientemente trazê-lo de volta – um processo desgastante e cansativo, mas não há outra forma em que a concentração possa ser conseguida.

---

[10] *Chhandogyopnishad*, III, xiv, i.

É um exercício mental útil e instrutivo, quando a mente se afasta sem aviso prévio, para a levar de volta pelo caminho ao longo do qual percorreu em seus desvios. Este processo aumenta o controle do cavaleiro sobre o seu cavalo em fuga, e assim diminui a sua inclinação para escapar.

O pensamento consecutivo, embora um passo em direção à concentração, não é idêntico a ela, pois no pensamento consecutivo a mente passa de uma para outra sequência de imagens, e não se fixa numa só. Mas como é muito mais fácil do que a concentração, o principiante pode utilizá-la para conduzi-lo à tarefa mais difícil. É muitas vezes útil para um devoto selecionar uma cena da vida do objeto da sua devoção, e imaginar a cena de forma vívida nos seus detalhes, com o ambiente local de paisagem e cores. Deste modo, a mente é gradualmente mantida numa linha, e pode ser conduzida e finalmente fixada na figura central da cena, o objeto da devoção. À medida que a cena é reproduzida na mente, ela assume uma sensação de realidade, e é bastante possível, desta forma, entrar em contato magnético com o registro dessa cena num plano superior – a fotografia permanente da mesma no éter cósmico – e assim obter muito mais conhecimento da mesma do que é fornecido por qualquer descrição dela que possa ter sido dada. Assim também pode o devoto entrar em contato magnético com o objeto de devoção e entrar por este toque direto em relações muito mais íntimas com ele do que são possíveis de outra forma. Pois a consciência não está sob as limitações do espaço físico, mas está onde quer que esteja consciente – uma afirmação que já foi explicada.

A própria concentração, contudo, deve ser lembrada, não é este pensamento sequencial, e a mente deve finalmente ser fixada ao único objeto e permanecer fixa ao mesmo, não raciocinando sobre ele, mas, como se estivesse sugando, absorvendo o seu conteúdo.

Capítulo 8
Obstáculos à Concentração

8.1 Mentes Errantes

A queixa universal que vem daqueles que começam a praticar a concentração é que a própria tentativa de concentração resulta numa maior inquietação da mente. Até certo ponto isto é verdade, pois a lei de ação e reação funciona aqui como em todo lugar, e a pressão exercida sobre a mente provoca uma reação correspondente. Mas embora admitindo isso, verificamos, em estudo mais atento, que o aumento da inquietação é amplamente ilusório. O sentimento de tal aumento de inquietação deve-se principalmente à oposição criada subitamente entre o Ego, a vontade firme, e a mente na sua condição normal de mobilidade. O Ego, durante uma longa série de vidas, tem sido transportado pela mente em todos os seus rápidos movimentos, como um homem que está sempre sendo transportado pelo espaço através do deslocamento giratório da Terra. Ele não está consciente do movimento; ele não sabe que o mundo está em movimento, e que tão profundamente faz parte dele, movendo-se à medida que a Terra se move. Se ele fosse capaz de separar-se da Terra e parar o seu próprio movimento sem ser quebrado em pedaços, ele só então estaria consciente de que a Terra se movia em alta velocidade. Enquanto um homem estiver se sujeitando a cada movimento da mente, não se aperceberá da sua contínua atividade e inquietação; mas quando se mantiver firme, quando deixar de se mover, então sentirá o movimento incessante da mente a que tem até então obedecido.

Se o principiante conhecer estes fatos, não se desencorajará no início dos seus esforços, encontrando-se com esta experiência universal, mas irá tomá-la como certa, prosseguirá calmamente com a sua tarefa. E, afinal de contas, ele está apenas repetindo a experiência expressada por Arjuna há cinco mil anos:

Este *Yoga* que Tu declaraste ser por equanimidade, ó matador de Madhu, Eu não vejo fundamento estável para ele, devido à inquietação; pois a mente é verdadeiramente inquieta, ó Krishna! É impetuosa, forte, e difícil de dobrar; considero tão difícil de refrear como o vento.

E ainda é verdadeira a resposta, a resposta que aponta o único caminho para o sucesso:

"Sem dúvida, Oh potentemente armado, a mente (*manas*) é difícil de subjugar e inquieta, porém ela pode ser controlada pela prática constante (*abhyāsa*) e pelo desapego (*vairāgya*).

Eu penso que o *Yoga* é difícil de alcançar por um eu descontrolado, mas para quem controla o Eu, é alcancável pela energia dirigida apropriadamente".[11]

A mente assim estabilizada não será tão facilmente tirada de seu equilibrio pelos pensamentos errantes provenientes de outras mentes – que buscam sempre se alojar – da multidão errante que nos rodeia continuamente. A mente habituada à concentração mantém sempre uma certa positividade, e não é facilmente moldada por intrusos não licenciados.

Todas as pessoas que estão treinando as suas mentes devem manter uma atitude de vigilância constante em relação aos pensamentos que "entram na mente", e devem exercer em relação a eles uma seleção constante. A recusa de abrigar maus pensamentos, a sua imediata expulsão caso eles venham a entrar, a substituição imediata de um mau pensamento por um bom de natureza oposta – esta prática sintonizará de tal forma a mente que, após algum tempo, ela atuará automaticamente, repelindo o mal por sua própria iniciativa. Vibrações harmoniosas e rítmicas

---

[11] *Bhagavad-Gitā*, vi, 35, 36. [Brasília: Editora Teosófica, *Bhagavad-Gitā – A Canção do Senhor*, 2ª ed., (bolso), 2014, p. 132-133. (Nota Ed. Bras.)]

repelem o desarmônico e irregular; elas levantam voo da superfície ritmicamente vibrante como uma pedra que bate contra uma roda giratória. Vivendo, como todos nós fazemos, numa corrente contínua de pensamentos, bons e maus, precisamos cultivar a ação seletiva da mente, para que o bom possa ser automaticamente atraído, e o mau automaticamente repelido.

A mente é como um imã, atraindo e repelindo, e a natureza das suas atrações e repulsões pode ser determinada por nós próprios. Se observarmos os pensamentos que entram na nossa mente, descobriremos que eles são do mesmo tipo daqueles que habitualmente encorajamos. A mente atrai os pensamentos que são congruentes com as suas atividades normais. Se nós, então, durante algum tempo, praticarmos deliberadamente a seleção, a mente fará em breve esta seleção por si própria nas bases estabelecidas para ela, e assim os pensamentos maus não penetrarão na mente, enquanto os bons encontrarão sempre uma porta aberta.

A maioria das pessoas é apenas demasiado receptiva, mas a receptividade deve-se à fraqueza, não à entrega deliberada às influências superiores. É, portanto, bom aprender como podemos tornar-nos normalmente positivos, e como podemos tornar-nos negativos quando decidimos que é desejável que o sejamos.

O hábito da concentração por si só tenderá a fortalecer a mente, para que esta exerça prontamente o controle e a seleção em relação aos pensamentos que lhe chegam de fora, e como pode ser treinada automaticamente para repelir os maus. Seria bom acrescentar ao que foi dito, que quando um pensamento mau entra na mente, é melhor não lutar diretamente com ele, mas utilizar o fato de que a mente só pode pensar numa coisa de cada vez; permita que a mente se volte imediatamente para um pensamento bom, e o mau será necessariamente expulso. Ao lutar contra tudo, a própria força que enviamos provoca uma reação correspondente, e assim aumenta o nosso problema; enquanto que o desviar do olho mental para uma imagem numa direção diferente faz com que a outra imagem saia silenciosamente do campo de visão. Muitos homens desperdiçam anos combatendo pensamentos impuros, quando a ocupação silenciosa da mente com pensamentos puros não deixaria espaço para os seus invasores; além disso, à medida que a mente atrai para si própria matéria que não responde ao mal, está gradualmente se tornando afirmativa, não receptiva a esse tipo de pensamento.

Este é o segredo da receptividade correta; a mente responde de acordo com a sua constituição; responde a tudo o que é de natureza semelhante a ela; nós a tornamos defensiva para o mal, receptiva para o bem, pelo habitual bom pensamento, construindo assim, no seu próprio tecido, materiais receptivos do bem, não receptivos do mal. Devemos pensar naquilo que desejamos receber, e recusarmo-nos a pensar naquilo que desejamos não receber. Tal mente, no oceano do pensamento que a rodeia, atrai para si os bons pensamentos, repele o mal, e portanto cresce sempre mais pura e mais forte no meio das mesmas condições de pensamento que tornam um outro mais impuro e mais fraco.

O método de substituir um pensamento por outro pode ser utilizado com grande vantagem de muitas maneiras. Se um pensamento pouco gentil a respeito de outra pessoa entrar na mente, ele deve ser imediatamente substituído por um pensamento com alguma virtude que ela possui, de alguma boa ação que ela tenha feito. Se a mente é assediada pela ansiedade, transforme isto em pensamento do propósito que permeia a vida, a Boa Lei que "ordena todas as coisas de forma poderosa e doce". Se um tipo particular de pensamento indesejável se apresenta persistentemente, então é sensato providenciar um recurso especial; deve ser escolhido algum versículo ou frase que encarne a ideia oposta, e sempre que o pensamento indesejável se apresentar, esta frase deve ser repetida e isso tornar-se um hábito. Dentro de uma ou duas semanas, o pensamento deixará de ser problemático.

É um bom plano para munir constantemente a mente com algum pensamento elevado, alguma palavra de alegria, alguma inspiração para uma vida nobre. Aqui nós vamos adentrando na agitação da vida dia após dia, nós devemos dar à mente este escudo de bom pensamento. Algumas palavras são suficientes, retiradas de certas Escrituras, e isso sendo fixado na mente por algumas recitações, feitas de manhã cedo, irá retornar à mente várias vezes durante o dia, e se descobrirá a repetir-se na mente, sempre que a mente estiver desengajada.

8.2 Os Perigos da Concentração

Existem certos perigos ligados à prática da concentração relativamente aos quais o principiante deve ser advertido, para muitos estudantes ávidos, no seu desejo de irem demasiado depressa, e assim prejudicarem a si próprios em vez de se ajudarem.

O corpo está apto a sofrer devido à ignorância e desatenção do estudante.

Quando um homem concentra a sua mente, o seu corpo coloca-se num estado de tensão, e isto não é notado por ele, é involuntário no que lhe diz respeito. Este acompanhamento da mente pelo corpo pode ser notado em muitas coisas triviais; um esforço de lembrar causa um enrugamento da testa, os olhos ficam fixos, e as sobrancelhas ficam rebaixadas; a atenção tensa é acompanhada pela fixidez dos olhos, a ansiedade por um olhar ávido e sábio. Durante séculos, o esforço da mente tem sido seguido pelo esforço do corpo, sendo a mente inteiramente direcionada para suprir as necessidades corporais através de esforços corporais, estabelecendo assim uma associação que funciona automaticamente.

Quando a concentração é iniciada, o corpo, segundo o seu costume, segue a mente, os músculos tornam-se rígidos, e os nervos tensos; por conseguinte, grande fadiga física, esgotamento muscular e nervoso, dor de cabeça aguda, tornam-se propensos a seguir o rastro da concentração, e assim as pessoas são levadas a desistir, acreditando que estes efeitos nocivos são inevitáveis.

De fato, eles podem ser evitados com uma simples precaução. O principiante deve de vez em quando interromper a sua concentração o suficiente para se aperceber do estado do seu corpo, e se o encontrar estressado, tenso, ou rígido, deve imediatamente relaxar; quando isto tiver sido feito por várias vezes, os laços de associação serão quebrados, e o corpo permanecerá flexível e em repouso enquanto a mente estará concentrada. Patañjali disse que na meditação a postura adotada deve ser "fácil e agradável"[12]; o corpo não pode ajudar a mente com sua tensão, e isso o prejudica.

---

[12] Trata-se do *sūtra* II-46 do *Yoga-Sūtra de Patañjali*, que Taimni assim traduz: "a postura (deve ser) estável e confortável". [TAIMNI, I. K., *A Ciência do Yoga*. Brasília: Editora Teosófica, 1996, p. 200. (Nota Ed. Bras.)]

Talvez uma anedota pessoal possa ser mencionada como ilustração. Um dia, enquanto sob o treinamento com H.P. Blavatsky, fui escolhido por ela para fazer um esforço da vontade; eu o fiz com muita intensidade, e com o resultado de muito inchaço nos vasos sanguíneos da cabeça. "Meu querido", disse ela secamente, "você não exerce a vontade com os seus vasos sanguíneos".

Outro perigo físico advém do efeito produzido pela concentração nas células nervosas do cérebro. À medida que o poder de concentração aumenta, à medida que a mente é contida, e o Ego começa a trabalhar através da mente, ele faz uma nova exigência sobre as células nervosas do cérebro. Estas células são, evidentemente, em última análise, constituídas por átomos, e as paredes destes átomos são constituídas por espirilas, através das quais correm correntes de energia vital. Destas espirilas existem sete conjuntos, dos quais apenas quatro estão em uso; os três restantes são órgãos ainda não utilizados – praticamente rudimentares. À medida que as energias mais elevadas se derramam, procurando um canal nos átomos, o conjunto de espirilas que, mais tarde, em evolução, servirá como o seu canal, é forçado a estar em atividade. Se isto for feito de forma muito lenta e cuidadosa, resultará em nenhum dano, mas a sobrepressão significa lesões na delicada estrutura das espirilas. Estes tubos minúsculos e delicados, quando em desuso, têm os seus lados em contato, como tubos de borracha macia da Índia; se os lados forem violentamente apartados, é capaz de resultar em ruptura. A sensação de entorpecimento e sobrecarga em todo o cérebro é sinal de perigo; se isto for desconsiderado, seguir-se-á uma dor aguda, que pode resultar em uma inflamação persistente. A concentração deve, portanto, ser praticada muito moderadamente no início e nunca deve ser levada ao ponto de fadiga cerebral. Alguns minutos por vez é suficiente para um início, sendo o tempo gradualmente prolongado à medida que a prática prossegue.

Mas, por muito curto que seja o tempo que lhe é dado, deve ser dado regularmente; se um dia de prática não for realizado, o estado anterior do átomo é reiterado a si próprio, e o trabalho tem de ser recomeçado. A prática firme e regular, mas não prolongada, assegura os melhores resultados e evita o perigo. Em algumas escolas de *Hatha Yoga*, os estudantes são recomendados a favorecer à concentração fixando os olhos em um ponto preto numa parede branca, e a manter esta fixidez do olhar até que o transe se sobreponha. Agora, há duas razões pelas quais isso não deve ser feito. Primeiro, a prática, após algum tempo, fere a visão física, e os olhos perdem o seu poder de ajustamento. Em segundo lugar, provoca uma forma de paralisia cerebral.

Isso começa com a fadiga das células da retina, à medida que as ondas de luz batem nelas, o ponto desaparece da vista, e o lugar na retina onde a sua imagem se forma torna-se insensível, sendo esse o resultado de uma resposta prolongada. Essa fadiga espalha-se para dentro, até que finalmente ocorre uma espécie de superveniente paralisia, e a pessoa entra num transe hipnótico. De fato, a estimulação excessiva de um órgão sensorial é, no Ocidente, um meio reconhecido para produzir hipnose – o espelho giratório, a luz elétrica, etc., sendo utilizado com este objetivo.

Mas a paralisia cerebral não somente paralisa todo o pensamento no Plano Físico, como torna o cérebro insensível a vibrações não físicas, de modo que o Ego não o consegue impressionar; não o liberta, mas apenas o priva do seu instrumento. Um homem pode permanecer durante semanas em transe assim induzido, mas quando acorda não se tornou mais sábio do que no início do transe. Ele não adquiriu conhecimentos; ele apenas desperdiçou tempo. Tais métodos não trazem poder espiritual, mas apenas trazem incapacidade física.

8.3 Meditação

Pode dizer-se que a meditação já foi explicada, pois é apenas a atitude sustentada da mente concentrada perante um objeto de devoção, de um problema que precisa de iluminação para ser inteligível, de qualquer coisa da qual a vida deva ser percebida e absorvida, em lugar ou detrimento da forma.

A meditação não pode ser executada eficazmente até que a concentração seja, pelo menos parcialmente, dominada. Pois a concentração não é um fim, mas um meio para um fim; ela transforma a mente num instrumento que pode ser utilizado à vontade do proprietário. Quando uma mente concentrada é constantemente dirigida para qualquer objeto, com o objetivo de perfurar o véu, alcançando a vida, arrastando essa vida para a união com a vida a que a mente pertence – então a meditação é realizada. A concentração pode ser considerada como a modelagem do órgão, a meditação como o seu exercício. A mente tornou-se unidirecionada; ela é então dirigida e se mantém firmemente em qualquer objeto cujo conhecimento seja desejado.

Quem quer que se determine a levar uma vida espiritual deve dedicar diariamente algum tempo à meditação. Assim como a vida física não pode ser sustentada sem alimento, a vida espiritual não pode ser sustentada sem meditação. Aqueles que não podem dispensar meia hora por dia durante a qual o mundo pode ser fechado e a mente pode receber dos planos espirituais uma corrente de vida, não pode ter uma vida espiritual.

Só para a mente concentrada, firme, desligada do mundo é que o Divino pode revelar-se. Deus mostra-se no Seu universo em formas infinitas; mas dentro do coração humano Ele mostra-se na Sua Vida e Natureza, revelando-se ao que é um fragmento de Si mesmo. Nesse silêncio, paz e força fluem para a alma, e o homem de meditação é sempre o homem mais eficiente do mundo.

Lorde Rosebery, falando de Cromwell, descreveu-o como "um místico prático", e declarou que um místico prático é a maior força do mundo. É verdade. A inteligência concentrada, o poder de se retirar para fora do tumulto, significa um aumento imenso de energia no trabalho, significa firmeza, autocontrole, serenidade; o homem de meditação é o homem que não desperdiça tempo, não dispersa energia, não perde oportunidades. Tal homem governa os eventos, porque dentro dele está o poder do qual os acontecimentos são apenas a expressão exterior; ele partilha a vida divina, e por isso partilha o poder divino.

Capítulo 9
O Fortalecimento do Poder do Pensamento

Podemos agora prosseguir, mudando nosso estudo do Poder do Pensamento para as questões práticas, pois o estudo que não nos leva à prática é improdutivo. A velha declaração ainda é válida: "A finalidade da filosofia é pôr fim à dor". Devemos aprender a desenvolver e depois usar o nosso poder do pensamento desenvolvido para ajudar aqueles que nos rodeiam, os vivos, e também os chamados mortos, para acelerar a evolução humana, e para apressar também o nosso próprio progresso.

O poder do pensamento só pode ser aumentado através de exercício constante e persistente; tão literal e verdadeiramente como o desenvolvimento muscular depende do exercício dos músculos que já possuímos, também o desenvolvimento mental depende do exercício da mente que já é nossa.

É uma lei da vida que o crescimento resulta do exercício. A vida, o nosso Eu, procura cada vez mais aumentar a expressão exterior através da forma na qual está contida. Como é chamado pelo exercício, sua pressão sobre a forma faz com que a forma se expanda, e a matéria fresca seja depositada na forma, e parte da expansão torna-se assim permanente. Quando o músculo é esticado pelo exercício, mais vida flui para dentro dele, as células multiplicam-se, e o músculo assim cresce. Quando o corpo mental vibra sob a ação do pensamento, a matéria fresca é retirada da atmosfera mental, e é incorporada no corpo, o que aumenta assim em tamanho, bem como em complexidade de estrutura. Um corpo mental continuamente exercitado cresce, quer o pensamento nele transportado seja bom ou mau. A quantidade do pensamento determina o crescimento do corpo, a qualidade do pensamento determina o tipo de matéria empregada nesse crescimento.

Agora as células da matéria cinzenta do cérebro físico multiplicam-se à medida que o cérebro é exercitado no pensamento. Os exames *post mortem* mostraram que o cérebro do pensador não só é maior e mais pesado do que o cérebro do lavrador, mas também que tem um número muito maior de convoluções Estas permitem uma superfície muito maior para a matéria nervosa cinzenta, que é o instrumento físico imediato do pensamento.

Assim, tanto o corpo mental como o cérebro físico crescem através do exercício, e aqueles que querem melhorá-los ou ou ampliá-los devem recorrer ao pensamento diário regular, com o objetivo deliberadamente escolhido de melhorar as suas capacidades mentais. Será desnecessário acrescentar que os poderes inerentes ao Conhecedor também evoluem mais rapidamente com este exercício, e sempre atuam nos veículos com força crescente.

Para que possa ter o seu pleno efeito, esta prática deve ser metódica. Deve-se deixar o leitor escolher um livro versado sobre algum assunto que lhe seja atraente, um livro escrito por um autor competente, contendo pensamento revigorante e forte. Uma frase, ou algumas frases, devem ser lidas lentamente, e depois o leitor deve pensar atentamente e com atenção sobre o que leu. É uma boa regra pensar duas vezes mais enquanto se lê, pois o objetivo da leitura não é simplesmente adquirir novas ideias, mas reforçar as faculdades de pensamento. Deve ser dada meia hora a esta prática, se possível, mas o aluno pode começar com um quarto de hora, uma vez que, no início, achará a atenção focada um pouco cansativa.

Toda pessoa que se dedique a esta prática e a siga regularmente durante alguns meses estará, no final desse tempo, consciente de um crescimento distinto da força mental, e será capaz de lidar com os problemas comuns da vida de forma muito mais eficaz do que até aqui. A natureza é uma amante justa, dando retribuições a cada um que as mereceu, mas nem um centavo imerecido. Aqueles que ganhassem retribuições devido a uma faculdade aumentada, deveriam ganhá-las com o pensamento árduo e obstinado.

O trabalho é duplo, como tem sido salientado. Por um lado, os poderes da consciência se exteriorizam; por outro, desenvolvem-se as formas por meio das quais a consciência se expressa; esses poderes da consciência nunca devem ser esquecidos. Muitas pessoas reconhecem o valor do pensamento definitivo porquanto afetando o cérebro, mas esquecem que a fonte de todo o pensamento é o não nascido e imortal Eu, e que só estão apenas exteriorizando o que já possuem. Dentro delas, está todo o poder, e elas só têm que utilizá-lo, pois o Eu divino é a raiz da vida de cada um, e o aspecto do Eu que é o conhecimento vive em todos, e está sempre à procura de uma oportunidade para a sua própria expressão mais plena. O poder está dentro de cada um, incriado, eterno; a forma é moldada e mudada, mas a vida é o Eu do homem, ilimitável nos seus poderes. Esse poder dentro de cada um é o mesmo poder que moldou o Universo; é divino, não humano, uma porção da vida do *Logos*, e inseparável Dele.

Se isso fosse compreendido, e se o estudante lembrasse que não é a escassez do poder, mas sim a inadequação do instrumento que faz a dificuldade, muitas vezes ele trabalharia com mais coragem e esperança, e portanto com mais eficiência. Deixe ele sentir que a sua natureza essencial é o conhecimento, e está com ele até onde a natureza essencial puder encontrar a sua expressão nesta encarnação. A expressão é, de fato, limitada pelos pensamentos do passado, mas pode agora ser aumentada e tornada mais eficiente pelo mesmo poder que, nesse passado, moldou o presente. As formas são plásticas e podem ser lentamente remoldadas, é verdade, pelas vibrações da vida.

Acima de tudo, permita ao estudante lembrar-se de que para um crescimento constante, a regularidade da prática é essencial.

Quando um dia de prática é omitido, são necessários três ou quatro dias de trabalho para contrabalançar o deslize, pelo menos durante as fases iniciais de crescimento. Quando se adquire o hábito do pensamento estável, então a regularidade da prática é menos importante. Mas até que este hábito seja definitivamente estabelecido, a regularidade é o mais importante, pois o velho hábito de andar à deriva reafirma-se, e a matéria do corpo mental retorna às suas antigas formas, e essas formas precisam ser novamente retiradas quando a prática é retomada. Melhor cinco minutos de trabalho feito regularmente, do que meia hora em alguns dias e nenhum em outros.

9.1 Preocupação – O Seu Significado e Erradicação

Tem-se dito verdadeiramente que as pessoas envelhecem mais por preocupação do que pelo trabalho. O trabalho, a menos que excessivo, não afeta o estado ou o aparato de pensamento, mas, pelo contrário, reforça-o. Porém o processo mental conhecido como "preocupação" lesa-o definitivamente, e após algum tempo produz um esgotamento nervoso e irritabilidade que torna impossível um trabalho mental estável.

O que é a "preocupação"? É o processo de repetir a mesma linha de pensamento de novo e novamente com pequenas alterações, sem chegar a qualquer resultado, e sem sequer visar o alcance de um resultado. É a reprodução contínua de formas-pensamento, iniciada pelo corpo mental e pelo cérebro, não pela consciência, e imposta por eles à consciência. À medida que os músculos excessivamente cansados não podem ficar parados, mas movem-se sem descanso mesmo contra a vontade, assim o corpo mental cansado e o cérebro repetem indefinidamente as próprias vibrações que os cansaram, e o Pensador tenta em vão imobilizá-los e assim obter descanso. Uma vez mais o automatismo é visto, a tendência para se mover na direção em que o movimento já vem sendo feito. O Pensador tem persistido num assunto doloroso, e procurado chegar a uma conclusão definitiva e útil. Ele falhou e deixou de pensar, mas continua insatisfeito, desejando encontrar uma solução, e dominado pelo medo dos problemas antecipados. Este medo mantém-no numa condição de ansiedade e sem descanso, causando um fluxo de saída irregular de energia. Então o corpo mental e o cérebro, sob o impulso desta energia e do desejo, mas não dirigido pelo Pensador, continua a mover-se e a lançar as imagens já moldadas e rejeitadas. Essas são, por assim dizer, forçadas à sua atenção, e a sequência repete-se de novo e sempre. À medida que o cansaço aumenta, ocorre a irritabilidade, reagindo novamente sobre as formas cansadas, e assim a ação e a reação continuam num círculo vicioso. O Pensador é, enquanto está preocupado, o escravo dos seus corpos que deveriam ser seus servidores, e está sofreendo sob a tirania deles. Ora, este mesmo automatismo do corpo mental e do cérebro, esta tendência para repetir vibrações já produzidas, pode ser utilizado para corrigir a inútil repetição de pensamentos que causam dor. Quando uma corrente de pensamento faz para si própria um canal – uma forma-pensamento – novas correntes de pensamento tendem a fluir ao longo da mesma via, sendo essa a linha de menos resistência. Um pensamento que causa dor volta assim prontamente atraído pela fascinação do medo, como um pensamento que dá prazer torna a suceder pela fascinação do amor. O objeto do medo, a imagem do que irá acontecer quando a antecipação se tornar realidade, faz assim um canal mental, um molde para o pensamento, e também um rasto cerebral. A tendência do corpo mental e do cérebro, libertado do trabalho imediato, é de repetir a forma ou modo, e deixar a energia não empregada fluir para o canal já feito.

Talvez a melhor maneira de se livrar de um "canal de preocupação" seja procurar outro, de caráter exatamente oposto. Tal canal é, como já vimos, feito por um pensamento definido, persistente e regular. Permita-se, então, a alguém que sofre de preocupação, que se dedique três ou quatro minutos de manhã, ao levantar, a algum pensamento nobre e encorajador: "O Eu é Paz; este Eu sou Eu. O Eu é Força; este "Eu sou Eu". Deixem-no pensar como, na sua natureza mais íntima, que ele é uno com o Pai Supremo; como nessa natureza ele é imortal, imutável, destemido, livre, sereno, forte; como ele está envolto em perecíveis vestes que sentem o aguilhão da dor, o tormento da ansiedade; que ele considera, erroneamente, como ele próprio. À medida que ele medita, a Paz envolve-o, e ele sentirá que é a sua própria atmosfera natural.

Ao fazê-lo, dia após dia, o pensamento cavará o seu próprio canal no corpo mental e no cérebro, e, durante muito tempo, quando a mente é libertada do trabalho, o pensamento do Eu que é Paz e Força irá apresentar-se espontaneamente, envolvendo a mente em suas “asas”, mesmo em meio ao tumulto do mundo. A energia mental fluirá naturalmente para este canal, e a preocupação será do passado.

Outra forma é treinar a mente para descansar ou se apoiar na Boa Lei, estabelecendo assim um hábito de contentamento. Aqui, o homem apoia-se no pensamento de que todas as circunstâncias funcionam dentro da Lei, e que nada acontece por acaso. Só aquilo que a Lei nos traz pode chegar até nós, por qualquer mão que possa vir de fora. Nada nos pode prejudicar que não seja a nós devido, trazido até nós pelas nossas próprias vontades e ações precedentes. Nada nos pode prejudicar, exceto como instrumento da Lei, cobrando-nos uma dívida por nós devida. Mesmo que uma antecipação de dor ou de problemas nos venha à mente, faremos bem em enfrentá-la calmamente, aceitá-la, concordar com ela. A maior parte da ferida desaparece quando concordamos com a descoberta da Lei, seja ela qual for. E podemos fazer isso mais facilmente se nos lembrarmos que a Lei funciona sempre para nos libertar, ao exigir as dívidas que nos mantêm na prisão, e embora isto nos traga dor, a dor é apenas o caminho para a felicidade. Toda a dor, aconteça como acontecer, funciona para a nossa felicidade final, e faz nada mais do que quebrar os laços que nos mantêm presos à roda giratória dos nascimentos e das mortes.

Quando estes pensamentos se tornam habituais, a mente deixa de se preocupar, pois as garras da preocupação não conseguem encontrar qualquer suporte nessa forte panóplia de paz.

9.2 Pensando e Deixando de Pensar

Muito ganho de força pode ser feito aprendendo tanto a pensar como a deixar de pensar conforme a vontade. Enquanto pensamos, devemos lançar ou direcionar toda a nossa mente para o pensamento, e pensar no nosso melhor. Mas quando o trabalho do pensamento termina, ele deve ser completamente abandonado, e não se deve permitir que se desloque tocando vagamente a mente e deixando-a, como um barco a bater-se contra uma rocha. Um homem não mantém uma máquina em funcionamento quando ela não precisa estar ligada, e assim não a usa desnecessariamente. Mas a maquinaria inestimável da mente pode girar e girar sem rumo, desgastando-se sem resultado útil. Aprender a deixar de pensar, a deixar a mente descansar, é uma aquisição de grande valor. Como os membros cansados se regalam quando esticados em repouso, também a mente cansada pode encontrar conforto em completo descanso. Pensar constantemente significa vibração constante; vibração constante significa desperdício constante. A exaustão e o declínio prematuro resultam deste gasto inútil de energia, e um homem pode preservar tanto o corpo mental como o cérebro, por mais tempo, aprendendo a deixar de pensar, quando o pensamento não está sendo dirigido para um resultado útil.

É verdade "que deixar de pensar" não é, de forma alguma, uma realização fácil. Talvez seja ainda mais difícil do que pensar. Deve ser praticado por períodos muito breves até que o hábito seja estabelecido, pois significa no início um dispêndio de força em manter a mente imóvel. Que o estudante, quando estiver pensando, firmemente, abondone o pensamento, e quando qualquer pensamento aparecer na mente, desvie a atenção dele. Que se afaste persistentemente de cada intruso; se necessário, imagine um vazio, como um passo para a quietude, e tente estar consciente apenas da quietude e da escuridão. A prática nestas linhas se tornará cada vez mais inteligível, se houver persistência, e uma sensação de calma e paz encorajará o estudante a perseverar.

Também não se deve esquecer que a cessação do pensamento, ocupado em atividades externas, é uma preliminar necessária para trabalhar nos planos superiores. Quando o cérebro tiver aprendido a estar quiescente, quando já não lançar incansavelmente as imagens danificadas das atividades passadas, irá abrir-se então a possibilidade da retirada da consciência da sua veste física, e da sua livre atividade no seu próprio mundo. Aqueles que esperam dar este passo à frente na vida atual devem aprender a deixar de pensar, pois só quando "as modificações do princípio do pensamento" são verificadas ou comprovadas, no plano inferior, é que a liberdade no plano superior pode ser obtida.

Outra forma de dar o restante ao corpo mental e ao cérebro – uma forma muito mais fácil do que a cessação do pensamento – é através da mudança de pensamento. Um homem que pensa de forma enérgica e persistente ao longo de uma linha deve ter uma segunda linha de pensamento, tão diferente quanto possível da primeira, para a qual pode voltar a sua mente para se renovar. A extraordinária renovação e juventude do pensamento que caracterizou William Ewart Gladstone na sua velhice foi, em grande parte, o resultado das atividades intelectuais subsidiárias da sua vida. O seu pensamento foi mais direcionado e persistente para a política, mas os seus estudos em teologia e em grego preencheram muitas das horas de lazer. Na verdade ele era apenas um teólogo indiferente; porém, como um estudioso grego, eu não saberia dizer; mas embora não se possa alegar que o mundo enriqueceu muito com seus pronunciamentos teológicos, o seu próprio cérebro permaneceu arejado e receptivo a esses, e a seus estudos de grego. Charles Darwin, por outro lado, lamentou, na sua velhice, ter permitido que as suas faculdades se atrofiassem por desuso, quando ele poderia ter se preocupado com assuntos fora do seu próprio trabalho especializado. Ele não tinha qualquer atração pela literatura e a arte. Sentiu intensamente as limitações que tinha imposto a si próprio pela sua absorção excessiva numa só linha de estudo. Um homem precisa de mudança de exercício tanto no pensamento como no corpo; caso contrário, pode sofrer de cãibras mentais como alguns sofrem de cãibras nas mãos, como os escritores.

Especialmente, talvez, seja importante para os homens empenhados em absorver as atividades mundanas, que se ocupem de um assunto que envolva faculdades da mente não evoluídas em atividades empresariais, mas relacionadas com arte, ciência ou literatura, nas quais possam encontrar recreação mental e refinamento. Acima de tudo, os jovens deveriam adotar algumas dessas atividades, antes que os seus cérebros novos e ativos fiquem exaustos e cansados, para que possam, com a idade, encontrar então dentro de si recursos que irão abrilhantar e alegrar os seus dias de declínio. A forma preservará a sua elasticidade durante um período de tempo muito mais longo, quando lhe é assim dado descanso através de uma mudança de ocupação.

9.3 O Segredo da Paz de Espírito

Muito do que já estudamos diz-nos algo sobre a forma como a paz de espírito pode ser assegurada. Mas a sua necessidade fundamental é o reconhecimento claro e a compreensão do nosso lugar no Universo.

Fazemos parte de uma grande Vida, que não conhece nenhum fracasso, nenhuma perda de esforço ou de força, que "poderosa e docemente ordenando todas as coisas" conduz o mundo para frente até o seu objetivo. A noção de que a nossa pequena vida é uma unidade independente, separada, lutando, com suas próprias mãos, contra inúmeras unidades independentes separadas, é uma ilusão do tipo mais atormentador. Desde que vejamos assim o mundo e a vida, a paz brota longe em um píncaro inacessível. Quando sentimos e sabemos que todos nós somos um só, então a paz de espírito é nossa, sem qualquer medo de perda.

Todos os nossos problemas surgem de pensarmos em nós próprios como unidades separadas, e depois girarmos sobre os nossos próprios eixos mentais, pensando apenas nos nossos interesses separados, nos nossos objetivos separados, nas nossas alegrias e tristezas separadas. Alguns fazem isto em relação às coisas inferiores da vida, e são os mais insatisfeitos de todos, sempre agarrando-se incansavelemente aos bens materiais, e acumulando tesouros inúteis. Outros procuram sempre os seus próprios progressos separadamente na vida superior, pessoas boas e sérias, mas sempre descontentes e ansiosas. Estão sempre a contemplar e a analisar a si mesmas: "Será que estou progredindo? Sei mais do que no ano passado?", e assim por diante, ansiosos por contínuas garantias de progresso, os seus pensamentos centram-se no seu próprio ganho interno.

A paz não é para ser encontrada na contínua procura pela gratificação do eu separado ou individual, mesmo que a gratificação seja do tipo superior. Encontra-se na renúncia ao eu individual, no repouso sobre o Eu que é Uno, o Eu que se manifesta em cada etapa da evolução, e no nosso estágio tanto como em todos os outros, e que se contenta em todos.

O desejo de progresso espiritual é de grande valor, enquanto os desejos inferiores ainda estão enredando e prendendo o aspirante; ele ganha força para se libertar deles pelo desejo apaixonado de crescimento espiritual; mas não pode dar a felicidade, que somente é encontrada quando o eu separado é descartado, e o grande Eu é reconhecido como aquele pelo qual estamos vivendo no mundo. Mesmo na vida comum, as pessoas altruístas são as mais felizes – aquelas que trabalham para fazer os outros felizes, e que se esquecem de si mesmas. As pessoas insatisfeitas são aquelas que procuram sempre a felicidade para si próprias.

Nós somos o Eu, e portanto as alegrias e tristezas dos outros são tanto nossas quanto deles, e à proporção que as sentimos, e aprendemos a viver de modo que o mundo inteiro partilhe a vida que flui através de nós, nossas mentes aprendem o Segredo da Paz. "Alcança a paz aquele em que todos os desejos fluem, como os rios fluem para o oceano, que está cheio de água, mas permanece imóvel – não aquele que deseja os desejos.[13] Quanto mais desejamos, maior o desejo de felicidade – que é a infelicidade – deve crescer. O Segredo da Paz é o conhecimento do Eu, e o pensamento que "Esse Eu sou eu" ajudará a obter uma paz de espírito que nada pode perturbar.

---

[13] *Bhagavad-Gitā*, ii. 70. [Brasília: Editora Teosófica, *Bhagavad-Gitā – A Canção do Senhor*, 2ª ed. (bolso), 2014, p. 74. (Nota Ed. Bras.)]

Capítulo 10
Ajudando os Outros pelo Pensamento

O mais valioso de todos os ganhos que consegue aquele que trabalha com o poder do pensamento é a crescente habilidade de ajudar aqueles que o rodeiam, aqueles mais fracos que ainda não aprenderam a utilizar os seus próprios poderes. Com a sua própria mente e coração em paz, ele está apto a ajudar os outros.

Um simples pensamento bondoso é útil na sua medida, mas o estudante desejará fazer muito mais do que dar uma simples migalha aos famintos.

Vejamos primeiro o caso de um homem que está sob o domínio de um hábito maléfico, como a bebida, e a quem um estudante deseja ajudar. Ele deve primeiro verificar, se possível, a que horas é provável que a mente do paciente esteja desocupada – tal como a sua hora de ir para a cama. Se o homem estivesse adormecido, seria ainda melhor. Nesse momento, deve sentar-se sozinho, e imaginar a imagem do seu paciente tão vividamente quanto possível, sentado à sua frente – imaginá-lo clara e detalhadamente, para que possa ver a imagem como veria o homem. (Essa clareza da imagem não é essencial, embora torne o processo muito mais eficaz). Então ele deve fixar a sua atenção sobre esta imagem, e dirigir-lhe, com toda a concentração de que é capaz, os pensamentos, um a um e lentamente, os quais deseja imprimir na mente do seu paciente. Deve apresentá-los como imagens mentais claras, tal como faria se colocasse perante ele argumentos em palavras. No caso que lhe for apresentado, ele poderá colocar à sua frente imagens vívidas da doença e da miséria provocadas pelo vício de beber, o esgotamento nervoso, o fim inevitável. Se o doente estiver adormecido, será atraído para a pessoa que assim esta pensando nele, e animará a imagem que tenha sido formada dele. O sucesso depende da concentração e da firmeza do pensamento dirigido ao paciente, e justamente na proporção ao desenvolvimento do poder do pensamento resultará o seu efeito.

Deve ter-se o cuidado em tal caso de não tentar controlar, de forma alguma, a vontade do paciente; o esforço deve ser inteiramente dirigido no sentido de colocar diante da sua mente as ideias que, apelando à sua inteligência e emoções, podem estimulá-lo a chegar a um julgamento correto e a fazer um esforço para continuar em ação. Se for feita uma tentativa de lhe impor uma determinada linha de conduta, e a tentativa for bem-sucedida, mesmo assim pouco se ganhou. A tendência mental para a autoindulgência viciosa não será alterada opondo-lhe um obstáculo na forma de se satisfazer a uma determinada forma de conduta; confirmada numa direção, encontrará uma outra, e um novo vício suplantará o antigo. Um homem constrangido forçadamente à temperança pela dominação da sua vontade já não é mais curado do vício do que se estivesse preso na prisão. Além disso, nenhum homem deve tentar impor a sua vontade a outro, mesmo que seja para o obrigar a fazer o que é correto. O crescimento não é ajudado por essa coerção externa; a inteligência deve ser convencida, a emoção despertada e purificada, caso contrário não conseguimos obter ganhos reais.

Se o estudante desejar dar qualquer outro tipo de ajuda com o pensamento, deve proceder da mesma forma, imaginando o seu amigo, e apresentando claramente as ideias que deseja transmitir. Um forte desejo para o seu bem, enviado a ele como uma função de proteção geral, permanecerá sobre ele como uma forma-pensamento durante um tempo proporcional à força do pensamento, e irá protegê-lo contra o mal, agindo como uma barreira contra pensamentos hostis, e até mesmo protegendo-o dos perigos físicos. Um pensamento de paz e consolo igualmente enviado irá confortar e acalmar a mente, espalhando em torno do seu objeto ou alvo uma atmosfera de calma.

A ajuda que muitas vezes é prestada a outro pela oração é em grande parte do caráter acima descrito, sendo a frequente eficácia da oração sobre os bons desejos comuns devida à maior concentração e intensidade lançadas pelo crente piedoso na sua oração. Concentração e intensidade semelhantes produziriam resultados semelhantes, sem o uso da oração.

Há, evidentemente, outra forma na qual a oração pode ser por vezes eficaz: ela chama a atenção de alguma inteligência super-humana, ou inteligência humana evoluída, para a pessoa para quem é oferecida, e a ajuda direta pode então lhe ser entregue por um poder que ultrapassa o do ofertante da oração.

Talvez seja bom aqui fazer uma observação de que o teósofo semi-instruído não deve ficar alarmado, e abster--se de dar a um amigo qualquer ajuda de pensamento da qual ele seja capaz, pelo medo de "interferir com o *karma*". Permita-o deixar o *karma* para cuidar de si próprio, e não tenha mais medo de interferir nisso do que de interferir com a lei da gravidade. Se ele pode ajudar o seu amigo, que o faça sem medo, confiante de que, se o puder fazer, essa ajuda está dentro do *karma* do seu amigo, e que ele próprio é o agente feliz da Lei.

10.1 Ajudando os assim chamados Mortos

Tudo o que podemos fazer pelos vivos através do pensamento, podemos fazer ainda mais facilmente por aqueles que passaram à nossa frente pelo portal da morte, pois no seu caso não há matéria física pesada a ser colocada vibrando antes que o pensamento possa alcançar a consciência desperta.

Após passar pela morte, a tendência do homem é voltar a sua atenção para dentro, e viver na mente, ao invés de no mundo exterior. As correntes de pensamento que costumavam impelir-se para fora, procurando o mundo externo através dos orgãos dos sentidos, encontram-se agora bloqueadas por um vazio, causado pelo desaparecimento dos seus instrumentos. É o pensamento de um homem correndo em direção a uma habitual ponte sobre uma ravina, de repente viu-se parado no abismo sem ponte, tendo a ponte desaparecido.

A reordenação do corpo astral que se segue rapidamente à perda do corpo físico tende ainda mais a fechar-se nas energias mentais, para impedir a sua expressão exterior. A matéria astral, se não for perturbada por qualquer ação dos que ficam para trás na Terra, forma uma concha envolvente em vez de um instrumento plástico, e quanto mais elevada e mais pura for a vida terrestre que se findou, mais completa é a barreira contra as impressões de fora, ou a emergência interna. Mas a pessoa assim examinada quanto às suas energias externas é tanto mais receptiva às influências do mundo mental, e ela pode portanto ser ajudada, animada e aconselhada de forma muito mais eficaz do que quando estava na Terra.

No mundo para onde foram os libertados do corpo físico, um pensamento amoroso é tão palpável aos sentidos como aqui é uma palavra amorosa de carinho terno. Todos os que se foram devem, portanto, ser seguidos por pensamentos de amor e paz, por aspirações para a sua rápida passagem através do vale da morte para a terra luminosa do além. Só uma demasiada quantidade permanece no estado intermédio mais tempo do que de outro modo passariam, porque este é o seu mau *karma* não ter amigos que saibam como ajudá-los deste lado da morte. E se as pessoas na Terra soubessem o quanto de conforto e de felicidade é vivenciado pelos viajantes para os mundos celestiais a partir destes mensageiros verdadeiramente angélicos, estes pensamentos de amor e alegria, se soubessem a força que tinham para fortalecer e consolar, nenhum deles seria deixado sozinho por aqueles que ficassem para trás. Os amados "mortos" têm certamente uma reivindicação sobre o nosso amor e carinho, e mesmo à parte disto, quão grande é a consolação para o coração, enlutado da presença que deu alegria à vida, para poder ainda servir o amado, e rodeá-lo no seu caminho pelos anjos da guarda do pensamento.

Os ocultistas que fundaram as grandes religiões não estavam desatentos em relação a este serviço dos que ficaram na Terra para com aqueles que já se foram. O hindu tem o seu *Shraddha*, pelo qual ele ajuda, em seu caminhos, as almas que passaram para o outro mundo, acelerando a sua passagem para o *Svarga*. As Igrejas Cristãs têm missas e orações para os "mortos". "Concede-lhe, ó Senhor, a paz eterna, e deixa que a luz perpétua brilhe sobre ele", reza o cristão pelo seu amigo no outro mundo. Apenas a seção protestante dos cristãos perdeu este gracioso costume, com tanto mais que diz respeito à vida superior do homem cristão. Que o conhecimento lhes restitua em breve a prática útil e profícua que a ignorância os roubou!

10.2 Trabalho do Pensamento Fora do Corpo

Não é preciso limitar as nossas atividades de pensamento às horas que passamos no corpo físico, pois muito trabalho eficaz pode ser feito pelo pensamento quando os nossos corpos estão deitados, dormindo pacificamente.

O processo de "ir dormir" é simplesmente a retirada da consciência, revestidos nos seus corpos sutis, do corpo físico, que fica envolto no sono, enquanto o próprio homem passa para o mundo astral. Liberto do corpo físico, ele é muito mais poderoso no que diz respeito aos efeitos que pode produzir pelo seu pensamento, mas na sua maioria não o envia para fora, mas utiliza-o dentro de si em assuntos que lhe interessam na sua vida desperta. As suas energias de pensamento esbarram nos moldes habituais, e trabalham nos problemas que a sua consciência desperta está ocupada em resolver.

O provérbio que "a noite traz conselhos", o conselho quando uma decisão importante deve ser tomada, "para dormir sobre ela antes de decidir", são intuições vagas deste fato de atividade mental durante as horas de sono. Sem qualquer tentativa deliberada de utilizar a inteligência libertada, os homens reúnem e colhem o fruto do seu trabalho.

Aqueles, porém, que procuram conduzir a sua evolução em vez de a deixarem seguir solta, devem aproveitar conscientemente os maiores poderes que podem exercer quando desimpedidos pelo peso do corpo. O modo de o fazer é simples. Qualquer problema que precise de solução deve ser quietamente mantido na mente quando se vai dormir; não deve ser debatido, discutido, ou o sono será impedido, mas, por assim dizer, simplesmente declarado e deixado lá. Isto é suficiente para dar a direção necessária ao pensamento, e o Pensador a assumirá e lidará com ela, quando se libertar do corpo físico. A solução estará geralmente na mente ao acordar, ou seja, o Pensador o terá gravado no cérebro – e é um bom plano manter papel e lápis junto à cama para anotar a solução imediatamente ao acordar, uma vez que um pensamento assim obtido é muito logo apagado pela aglomeração de estímulos do mundo físico, e não é facilmente recuperado. Muitas dificuldades na vida podem ser vistas claramente desta forma, e um caminho emaranhado ser aberto. E muitos problemas mentais podem também encontrar a sua solução, quando submetidos à inteligência não pesadamente contaminada pelo cérebro denso.

Do mesmo modo, um estudante pode ajudar muito, durante as horas de sono qualquer amigo neste mundo ou no próximo. Ele deve imaginar o seu amigo na sua mente, e determinar-se a encontrá-lo e ajudá-lo. Essa imagem mental irá atraí-lo e ao seu amigo juntamente, e eles irão comunicar-se no mundo astral. Mas no caso de qualquer emoção ser despertada pelo pensamento do amigo – como no caso de alguém que tenha passado para o outro mundo – o estudante deve procurar acalmá-lo antes de ir dormir. Porque a emoção provoca um turbilhão no corpo astral, e se esse corpo estiver num estado de forte agitação, isola a consciência, e torna impossível que as vibrações mentais passem para o exterior.

Em alguns casos de tal comunicação no mundo astral, um "sonho" pode permanecer na memória desperta, enquanto noutros nenhum vestígio pode aparecer. O sonho é o registro – muitas vezes confundido e misturado com vibrações estranhas – do encontro fora do corpo, e deve ser assim considerado. Mas se não aparecer nenhum vestígio no cérebro, não tem importância, uma vez que as atividades do arco de inteligência libertada não são dificultadas pela ignorância do cérebro que não as compartilha. A utilidade de um homem no mundo astral não é governada pelas memórias impressas no cérebro pela consciência retornada, e estas memórias podem estar completamente ausentes, enquanto a maior parte do trabalho benéfico ocupa as horas de sono do corpo.

Outra forma de trabalho de pensamento que é pouco lembrado, e que pode ser feito dentro ou fora do corpo físico, é a ajuda de boas causas, de movimentos públicos benéficos para a humanidade. Pensar nestas de uma forma definitiva é iniciar correntes de ajuda a partir dos planos internos do ser, e podemos considerar isto especialmente em relação ao

10.3 O Poder do Pensamento Combinado

O aumento da força que pode ser obtida pela união de várias pessoas para ajudar um objeto comum é reconhecido não só pelos ocultistas, mas por todos os que conhecem alguma coisa da ciência mais profunda da mente. É costume, em algumas partes, pelo menos da Cristandade, prefaciar o envio de uma missão para evangelizar algum distrito especial através de um pensamento definido e sustentado. Um pequeno grupo de Católicos Romanos, por exemplo, irá reunir-se durante algumas semanas ou meses antes de uma missão ser enviada, e preparará o terreno onde deverá trabalhar, imaginando o local, pensando em si próprios como lá presentes, e depois meditando atentamente em algum dogma definido da Igreja. Desta forma, é criada uma atmosfera de pensamento naquele distrito mais favorável à difusão dos ensinamentos católicos romanos, e um arco de cérebros receptivos preparados para desejarem receber instrução sobre eles. O trabalho de reflexão será ajudado pela intensidade acrescida, que lhe é dada pela oração fervorosa, outra forma de trabalho de reflexão é disparada pelo fervor religioso.

As Ordens Contemplativas da Igreja Católica Romana fazem uma grande quantidade de trabalho bom e útil pelo pensamento, assim como fazem os reclusos das fés hindu e budistas. Onde quer que uma inteligência boa e pura se proponha a trabalhar para ajudar o mundo, difundindo através dele pensamentos nobres e elevados, é feito um serviço definitivo ao homem, e o pensador solitário torna-se um dos elevadores do mundo.

Um grupo de pensadores que pensam da mesma maneira, como um grupo de teósofos, pode fazer muito para difundir ideias teosóficas na sua própria vizinhança ou região, concordando em dar um tempo fixo de dez minutos por dia para pensar num ensino teosófico. Não é necessário que os seus corpos sejam reunidos num só lugar, desde que as suas mentes estejam unidas. Suponhamos que tal grupo decidiu pensar na reencarnação diariamente durante dez minutos a uma hora fixa durante três ou seis meses. Formas-pensamento poderosas iriam então apinhar o distrito selecionado, e a ideia de reencarnação iria entrar num número considerável de mentes. Seriam feitos quentionamentos, procurados livros sobre o assunto, e uma palestra sobre o assunto, após tal preparação, atrairia uma audiência ávida e interessada. O progresso, fora de toda a proporção das atividades físicas empregadas, é feito onde homens e mulheres sérios se combinam nesta propaganda mental.

Posfácio

Portanto, podemos aprender a utilizar estas grandes forças que estão dentro de todos nós, e a utilizá-las da melhor forma possível. À medida que as utilizarmos elas crescerão, até que, com surpresa e prazer, descobriremos quão grande é o poder de serviço que possuímos.

Lembre-se de que estamos continuamente utilizando estes poderes, inconscientemente, espasmodicamente, de forma fraca, afetando para sempre para o bem ou para o mal todos os que rodeiam o nosso caminho na vida. Procura-se aqui induzir o leitor a usar estas mesmas forças de forma consciente, constante e forte. Não podemos deixar de pensar, até certo ponto, por mais fracas que sejam as correntes de pensamento que geramos. Devemos procurar afetar aqueles que nos rodeiam, quer o consigamos ou não; a única questão que temos de decidir é se o faremos de forma benéfica ou maliciosa, fraca ou forte, à deriva ou com propósito definido. Não podemos impedir que os pensamentos dos outros cheguem às nossas mentes; só podemos escolher quais vamos receber, os quais rejeitaremos. Devemos afetar e sermos afetados; mas podemos afetar os outros em seu benefício ou em seu prejuízo, podemos ser afetados pelo bem ou pelo mal. Aqui reside a nossa escolha, uma escolha memorável para nós próprios e para o mundo.

Escolha bem; pois a sua escolha é breve e, no entanto, interminável.

PAZ A TODOS OS SERES.

Posfácio da Edição Brasileira
O Poder do Pensamento e o *Yoga*

Ricardo Lindemann, Dr.[1]

A Dra. Annie Besant (01/10/1847, Londres, Reino Unido – 20/09/1933, Adyar, Chennai, Índia), teósofa, líder da Independência da Índia, Em 1889, entusiasmou-se pelo pensamento teosófico ao conhecer Blavatsky e sua obra, que assim mudaram sua vida. "Os ensinamentos da sociedade enfatizavam o serviço humano, um evolucionismo espiritual extraído tanto da filosofia esotérica oriental quanto da ocidental, e o papel dos mestres supra-humanos da sabedoria."[2] Foi a segunda Presidente Internacional da ST, desde 1907 até sua morte. Foi Presidente do Congresso Nacional Indiano, em 1917.[3] E foi também tutora de Jiddu Krishnamurti (1895 – 1986).

---

[1] Doutor em Ciência da Religião pela UFJF, Mestre em Filosofia pela UnB, Diretor da Editora Teosófica, Diretor Nacional de Estudos e Nacional e ex-Presidente da Sociedade Teosófica no Brasil.

[2] NEW ENCYCLOPAEDIA BRITANNICA, The. 15th ed. 29v. London: Encyclopaedia Britannica, 2003. v. 2, p. 165.

[3] BESANT, A. *Os Ideais da Teosofia*. Trad. Fernando Pessoa. Brasília: Teosófica, 2001. p. 7 – 8.

O Poder do Pensamento, publicado originalmente em 1901, tem um caráter prático, principalmente em seus capítulos finais, e continua sendo uma obra clássica como referência de fundamental auxílio na busca do autoconhecimento, principalmente quanto ao processo mental e sua possível transcendência. Essa obra foi escrita como precursora de outra, sua irmã complementar, intitulada *Introdução ao Yoga*, que não foi originalmente escrita, mas é a transcrição de uma série de quatro conferências proferidas pela Dra. Besant em 27, 28, 29 e 30 de dezembro de 1907 na cidade de Varanasi (antiga Benares), Índia, e mereceu tradução de Fernando Pessoa. Como a autora declara no Prefácio dessa última, sua intenção era dar uma visão panorâmica ou geral do *Yoga* "a fim de preparar o estudo e prática do[s] [*Yoga*-] *Sūtra*[*s*] de Patañjali"[4], e para levar o leitor a "adquirir algumas noções sobre a Ciência das Ciências."[5] É importante compreender que, em ambos os livros, se busca finalmente o autoconhecimento.

O *Yoga-Sūtra* (YS), mencionado acima, é o texto fundante do sistema filosófico do *Yoga* dentre as filosofias da Índia, e é uma das mais importantes fontes tradicionais da Teosofia. Ele foi compilado por Patañjali, há mais de dois mil anos, embora haja divergências entre os diversos

---

[4] BESANT, A. *Introdução ao Yoga*. Trad. Fernando Pessoa. Brasília: Teosófica, 2019. p. 11.

[5] *Ibidem*, p. 11.

autores quanto à sua data exata de origem. O *Yoga-Sūtra* sustenta que a ignorância é a causa do mal, do sofrimento ou das aflições da vida, e apresenta um método para se alcançar o pleno autoconhecimento que é a Libertação (*kaivalya*) de todos esses males. Convém enfatizar que o autoconhecimento, como considerado no *Yoga-Sūtra*, não se restringe ao plano psicológico, pois transcende a própria mente. Dessa forma, Patañjali distingue claramente entre o Ser e a mente que esse utiliza: "O vidente [ou Ser] é pura consciência, mas, apesar de puro, parece ver através da mente."[6]

Visivelmente inspirado nesta obra de Dra. Besant, *Introdução ao Yoga*, e como sua continuação comentando exaustivamente os *Yoga-Sūtra* de Patañjali, o Dr. I. K. Taimni escreveu *A Ciência do Yoga*[7], também publicado pela Editora Teosófica, onde o leitor atento encontrará vários argumentos lógicos baseados nesta obra de Dra. Besant. Similarmente, Dr. Taimni publicou o livro *Autocultura à Luz do Ocultismo*[8], uma magnifica síntese que desenvolve vários pontos já mencionados em *O Poder do Pensamento*, mas também abrange a origem e purificação das emoções, e serve como introdução ao outro: *A Ciência do Yoga*[9].

---

[6] "*Draṣṭā dṛśimātraḥ* śudho *'pi pratyayānupaśyaḥ*" (PATAÑJALI *apud* TAIMNI, I.K. *A Ciência do Yoga*. Brasília: Teosófica, 1996, II: 20, p. 152).
[7] TAIMNI, I.K. *A Ciência do Yoga*. Brasília: Teosófica, 1996.
[8] TAIMNI, I.K. *Autocultura à Luz do Ocultismo*. Brasília: Teosófica, 1997.
[9] TAIMNI, I.K. *A Ciência do Yoga*. Brasília: Teosófica, 1996.

Tais semelhanças, com a obra *Introdução ao Yoga*, aparecem principalmente naqueles pontos sutis das experiências de meditação ou sucessivas profundidades de estágios[10] de *Samādhi* ou êxtase, onde Dra. Besant descreve e demonstra ter alcançado experiências espirituais muito profundas, que se expressaram na espiritualidade de sua vida.

Diferentemente daquela época em que muitos ocidentais acreditavam que o *Yoga* não passava de alguns exercícios físicos e respiratórios, a autora contextualiza o *Yoga* perante outras escolas de Filosofia Indiana, chegando mesmo a declarar que "o *Yoga*, diz-se, 'é o *Samādhi*'" [11], e o define magistralmente da seguinte maneira:

> *Samādhi* é um estado em que a consciência está tão bem separada do corpo, que este fica inanimado. É um estado de transe em que o mental está plenamente consciente, apesar da insensibilidade do corpo e de onde o mental volta ao corpo, trazendo as experiências realizadas no estado hiperfísico e conservando a recordação quando de novo imerge no cérebro físico. *Samādhi*, para uma dada pessoa, é relativo à sua consciência de vigília, mas implica a insensibilidade do corpo. [12]

[10] BESANT, A. *Introdução ao Yoga*. Trad. Fernando Pessoa. Brasília: Teosófica, 2019. p. 44 – 45. Cfe. TAIMNI, I.K. *A Ciência do Yoga*. Brasília: Teosófica, 1996. p. 36 – 47.
[11] BESANT, A. *Introdução ao Yoga*. Trad. Fernando Pessoa. Brasília: Teosófica, 2019. p. 28.
[12] *Ibidem*, p. 28.

Afinal, a ciência do *Yoga* é, portanto, essencialmente um método para alcançar o *Samādhi,* ou seja, uma prática progressiva que demanda constância e desapego[13] e visa acelerar a evolução natural, ou como dizia Besant: "O *Yoga* não é senão uma maneira de acelerar o desenvolvimento normal da consciência."[14]

Neste sentido, para melhor compreender o significado do prazer e da dor na vida humana[15],o comentário de Besant, nesta obra, apresenta sabedoria de profundidade extraordinária, bem como de superação da névoa[16] ou última nuvem de ignorância, que segundo Patañjali é a causa do mal e do sofrimento, atingindo assim a iluminação, Libertação ou *Kaivalya* pelo *Dharma-Megha-Samādhi.*

O leitor é assim convidado a descobrir diretamente, pela meditação e prática do *Yoga*, o potencial divino infinito inerente a todo ser humano, como é citado também em *Luz no Caminho*: "A Alma do homem é imortal, e o seu futuro é o futuro de algo cujo crescimento e esplendor não têm limites."[17]

---

[13] TAIMNI, I.K. *A Ciência do Yoga*. Brasília: Teosófica, 1996, YS I: 12, p. 29.
[14] BESANT, A. *Introdução ao Yoga*. Trad. Fernando Pessoa. Brasília: Teosófica, 2019. p. 19.
[15] *Ibidem*, p. 88 – 95.
[16] *Ibidem*, p. 45 – 46.
[17] COLLINS, Mabel. *Luz no Caminho*. Brasília: Teosófica, 2021. p. 39.

Outras obras de Annie Besant:

O Cristianismo Esotérico: ou os mistérios menores

Annie Besant divulgou o aspecto esotérico, interno ou secreto dos ensinamentos de Cristo ao publicar este livro em 1901, tornando-o um clássico. Ele visa restaurar os antigos Mistérios e os aspectos profundos do Cristianismo, que tem despertado renovado interesse após a descoberta dos milenares Manuscritos do Mar Morto e dos Evangelhos Gnósticos do Cristianismo Primitivo.

Cristo ensinou em pelo menos dois níveis, um exotérico, público, para as multidões, e outro esotérico ou secreto, para os mais espiritualmente despertos. A partir da distinção entre Cristianismo esotérico e exotérico, Besant considera que a narrativa bíblica da vida do fundador do Cristianismo mescla três aspectos, que ela divide em três capítulos: o Cristo histórico, o Cristo mítico e o Cristo místico.

O Leitor também encontrará, nesta obra, o lado oculto ou esotérico de diversas religiões da Antiguidade, e temas como a Redenção, Ressureição e Ascensão, a Trindade e a Prece, entre outros.

Um Estudo sobre a Consciência

A consciência espiritual é imortal, embora possa necessitar de um cérebro para poder manifestar-se neste mundo físico, como a autora evidencia nas provas da existência da alma."

Nessa obra, a Dra. Annie Besant elucida a conexão entre matéria e Espírito nos diversos planos de manifestação. "Consciência é a vida tornando-se perceptiva de seu ambiente."

Cada fragmento da Consciência Una, separado como entidade individual velada na matéria, é diferenciado em seus três aspectos – Vontade, Sabedoria (ou Amor) e Atividade –, repetindo em escala menor o processo cósmico no qual a Trindade Divina sempre emana da Existência Una, a consciência universal. Cada individualidade traz assim, potencialmente, em sua própria essência, a imagem e semelhança da trindade de sua fonte como força motriz.